EDITORA DO CONHECIMENTO

Auxiliando a humanidade a encontrar a Verdade

História da Umbanda no Brasil

Volume 4

História da Umbanda no Brasil - Vol.4

Diamantino Fernandes Trindade (org.)

Todos os direitos desta edição reservados à
CONHECIMENTO EDITORIAL LTDA.
Fone/Fax: 19 3451-5440
www.edconhecimento.com.br
vendas@edconhecimento.com.br

Projeto gráfico: Sérgio Carvalho
Ilustração da capa: Banco de imagens

ISBN 978-65-5727-060-8
2ª edição – 2020

• Impresso no Brasil • Presita en Brazilo

Produzido no Departamento Gráfico de
CONHECIMENTO EDITORIAL LTDA
Rua Prof. Paulo Chaves, 276 – 13485-150
Fone: 19 3451-5440 — Limeira – SP

Dados Internacionais de Catalogação na Publicação (CIP)
(Angélica Ilacqua CRB-8 / 7057)

Trindade, Diamantino Fernandes.
História da Umbanda no Brasil - Vol. 4 - Registros históricos : / Diamantino Fernandes Trindade (org.). — Limeira, SP: 2ª edição – Editora do Conhecimento, 2016.
280 p. (Coleção Divina Luz)

ISBN: 97-65-5727-060-8

1. Umbanda - História - Brasil I. Trindade, Diamantino Fernandes

16-1391 CDD – 299.672

Índice para catálogo sistemático:
1. Umbanda - História

Diamantino Fernandes Trindade
(organizador)

História da Umbanda no Brasil

Registros históricos

Volume 4

2ª edição – 2020

EDITORA DO CONHECIMENTO

Esta é uma obra de pesquisa e resgate da História da Umbanda. Os direitos autorais são totalmente revertidos para as atividades de caridade.

Figura 1: Leal de Souza lendo sua conferência *A Musa Contemporânea*, sob os auspícios da Sociedade Brasileira dos Homens de Letras no salão nobre do *Jornal do Commercio*, em 4 de setembro de 1915
Fonte: Revista *Careta*, 11 de setembro de 1915, n. 377

Dedicatória

A Leal de Souza
O primeiro escritor e historiador da Umbanda

Agradecimentos

Aos irmãos amigos pesquisadores, Cristiam Siqueira, Adão Lamenza, Rogério Corrêa, Giovani Martins, Mário Thomar e Sérgio Navarro Teixeira, pelas preciosas colaborações para o resgate da memória umbandista.

É impossível ao historiador a imparcialidade. Desde a coleta de documentos até a redação do trabalho são feitas escolhas, que não são causais. Qualquer tentativa de escrever sobre um fato ou período histórico envolve seleção, julgamento e pressupostos metodológicos. A História não pode ser nunca puramente descritiva, pois sempre haverá elementos de avaliação em qualquer relato. Sendo assim, o máximo que um historiador pode fazer no seu trabalho é alcançar uma face da verdade, que não é absoluta e sim variável de acordo com as condições que se apresentam no momento da escrita.

Quem não gostar do que um historiador escreve deve procurar textos de outro historiador que escreva aquilo que o seu ego deseja ler.

Sumário

Primeiras palavras 14
I Congresso Brasileiro do Espiritismo de Umbanda 20
Eu fui girar na linha de Umbanda 25
Macumba em São Paulo 27
Batida num terreiro de Umbanda em Curitiba 31
Interessante "fenômeno" ocorrido no Centro Espírita Filhos de Umbanda 34
Ampliam-se as atividades da União Espiritista de Umbanda 36
Avante umbandistas 42
Codificando o ritual de Umbanda 44
"A matéria carrega larvas espirituais" 49
"Crianças não podem receber espíritos" 53
Quarta entrevista do presidente da U. E. B. ao jornal *A Noite* 57
Quinta entrevista do presidente da U. E. B. ao jornal *A Noite* 61
Carta aberta aos diretores, médiuns e chefes de terreiros das tendas espíritas de umbanda 64
Umbanda – religião brasileira 66
Os mercenários da umbanda 69
Os nossos erros 71
União Espiritista de Umbanda visita a Tenda de Umbanda Oriental 74
Umbanda – religião universal 76
Revista Kósmica 79
Quimbanda 80
João da Goméia 84

O culto dos orixás na religião de umbanda........................ 93
Codificadores de umbanda... 96
Os encantos da umbanda.. 99
O rádio invade os terreiros da
macumba ou a macumba invade o rádio 102
Attila Nunes categórico: eu acredito em macumba! E você?....104
Os exus 106
O Presidente da República disse: perseguir religião, não!... 108
A umbanda está em festas!... 112
O primeiro recenseamento de umbanda............................ 114
Fundada a União de Umbanda do Paraná 116
O Caboclo das Sete Encruzilhadas.................................. 118
Os vinte e quatro anos de existência
da Tenda Espírita São Jorge 120
A deusa do mar.. 122
Umbanda promoverá congresso nacional contra o fanatismo..124
Recenseamento e os umbandistas.................................. 127
II Congresso de Umbanda quer codificar doutrina............ 129
Bispo esteve presente ao encerramento
do II Congresso de Umbanda.. 131
Umbandistas vão fundar uma "mazomba" em Magé........... 134
Quingangueiro faz mandinga e umbandistas desfazem o mal..137
Umbanda começou a construir mazomba......................... 140
Umbanda – linhas que se cruzam aos
sábados em toda Guanabara 142
Centro Espírita Caminheiros da Verdade:
praticando o bem e a caridade há 30 anos....................... 145
Santana – Nanã... 148
Nos domínios da fé.. 150
No Seu Sete da Lira só Deus sabe quem tem fé................. 153
Gira da umbanda 155
As caravanas da fé.. 158
Zé Arigó – culpado ou inocente?...................................... 162
Federação comemora dia da umbanda.............................. 169
Umbanda e candomblés 171
Mensagem póstuma de Zélio de Moraes............................ 174
Desvirtuamento... 176
A deturpação.. 178

E assim nasceu o primeiro terreiro de umbanda 180
Segunda Convenção Nacional do Conselho
Nacional Deliberativo da Umbanda 182
Saravá Yemanjá 207
Respeitem a umbanda 209
Umbanda de todos nós 211
Declaração de Zélia de Moraes e Zilméia de Moraes 215
O delegado 216
Terreiro de umbanda sem gira de exu 218
Rua Zélio de Moraes 221
Umbanda e meio ambiente 223
Carta Magna da Umbanda 234
Galeria de imagens 237
Sobre o autor 279

Primeiras palavras

Prezado leitor!

Estamos chegando ao final de uma árdua, mas prazerosa, tarefa.

Em 1986, quando publiquei a obra *Iniciação à Umbanda*, fiz os primeiros registros sobre a História da Umbanda. Em 1990 recebi do Astral a tarefa de resgatar a memória da nossa religião.

No ano seguinte publiquei o livro ***Umbanda e sua história*** e, em seguida, ***Umbanda – um ensaio de ecletismo***, as primeiras obras da saga histórica da Umbanda (esgotadas). Quando do centenário da Umbanda (2008), munido de mais documentos, trouxe a publico ***Umbanda Brasileira – um século de história*** e algum tempo depois ***Memórias da Umbanda***. Estes dois livros podem ser considerados como introdutórios para quem pretende conhecer a nossa história.

Passei a aprofundar minhas pesquisas, fazendo várias incursões a Biblioteca Nacional, sebos e terreiros. Por interferência do Astral muitos amigos e irmãos foram contribuindo para a concretização de algo mais substancial. Livros, revistas, jornais, fotos e documentos que eu não imaginava que poderiam chegar às minhas mãos, acabaram chegando.

Por algum motivo, que só o Astral sabe, a História da Umbanda está hoje concentrada nas publicações da **EDITORA DO CONHECIMENTO**. Depois de uma procura, por mais de vinte anos, consegui um exemplar do livro *No Mundo dos Espíritos*, de Leal de Souza, de 1925. Este não é o primeiro livro de Umbanda, mas é o primeiro que fala de Umbanda em alguns capítulos, onde o autor conta, por exemplo, como ele conheceu a Tenda Espírita Nossa Senhora da Piedade. Encaminhei e fiz a apresentação da obra para a **EDITORA DO CONHECIMENTO** que a publicou, em 2012, após quase noventa anos decorridos desde a primeira edição.

Anteriormente já tinha feito o mesmo processo para o outro livro de Leal de Souza: *O Espiritismo, a Magia e as Sete Linhas de Umbanda*. Este sim, o primeiro livro da Umbanda e o primeiro resgate histórico da religião.

Em 2009 foi lançado o meu primeiro livro por esta editora: *Antônio Eliezer Leal de Souza – o primeiro escritor da Umbanda*, fruto de várias de pesquisas e fundamentado em diversos livros raros e documentos originais. Pouco se sabia, até o lançamento desta obra, sobre Leal de Souza, poeta parnasiano, jornalista, critico literário e tabelião. Veio em seguida, 2010, a obra *A construção histórica da literatura umbandista*, que mostra as principais obras e autores que fazem parte do universo literário umbandista.

Mais quatro anos de pesquisas me levaram a escrever o livro *História da Umbanda no Brasil*, obra de folego, com quase seiscentas páginas, e publicada em 2014. É um livro para quem quer conhecer em profundidade a memória umbandista.

Como a História da Umbanda é uma grande pesquisa em construção, fiz novas incursões na Biblioteca Nacional e, contando com a valiosa ajuda de irmãos e amigos pesquisadores, chegamos ao segundo volume da obra que tem como subtítulo: *A Umbanda nos Jornais do Rio de Janeiro*. Este texto apresenta diversos textos perdidos no tempo, de autores consagrados, em periódicos já extintos do Rio de Janeiro, onde a Umbanda foi revelada.

Quando pensei que a tarefa havia chegado ao final, pois não tinha mais material disponível, fui orientado pelo Astral que ainda havia muitos textos e documentos que precisavam ser resgatados. Assim, em pouco tempo, foram chegando mais e mais documentos, textos e imagens que deram origem ao terceiro volume com o subtítulo: *Memórias de uma religião*, onde resgatei mais textos perdidos de diversos autores. Tive também nesta empreitada a colaboração de diversos irmãos autores que escreveram alguns capítulos para abrilhantar a obra.

E chegamos ao quarto volume: *Registros históricos*, onde me aprofundei nas matérias do emblemático *Jornal de Umbanda* e no Jornal *A Noite*.

Além dos três jornais citados também resgatamos matérias, imagens e reportagens dos periódicos: *A Manhã*, *O Dia, A Luta Democrática* e *Diário da Noite*.

Nos dois primeiros volumes desta obra fizemos um resgate do I Congresso Brasileiro do Espiritismo de Umbanda. Apresentamos neste número a parte introdutória do livro sobre os anais do evento.

No segundo capítulo, o eminente escritor e jornalista Edmar Morel apresenta a matéria publicada na Revista *O Cruzeiro*, de 29 de Abril de 1944: "Eu fui girar na linha de Umbanda", onde narra um fato que o marcou profundamente no terreiro de Orlandino Cobra Coral.

No periódico curitibano *O Dia* encontramos uma matéria, de 1948, sobre uma macumba em São Paulo e uma batida em um terreiro de Umbanda em Curitiba em 1950. Mais adiante, em um número de 1959, aparece uma notícia sobre a fundação da União de Umbanda no Paraná.

Saltamos para 1951 com a matéria, do Jornal *A Manhã*, sobre algo muito comum (infelizmente) nos terreiros de Umbanda e cultos afro-ameríndios: a sedução dos dirigentes espirituais sobre as consulentes.

Jayme Madruga, presidente da União Espiritista de Umbanda foi entrevistado diversas vezes pelos periódicos *A Noite* e *Jornal de Umbanda* sobre as atividades da organização que ele presidia e também sobre a codificação da Umbanda.

Matéria do *Jornal de Umbanda*, de 1953, aborda a perseguição do Kardecismo contra a Umbanda. No mesmo periódico, em outubro de 1954, João Severino Ramos[1] faz suas

1 Médium Chefe da Tenda São Jorge. Quando recebeu a orientação do Caboclo das Sete Encruzilhadas para fundar a Tenda Espírita São Jorge integrava o corpo mediúnico da Tenda Espírita Nossa Senhora da Guia. No site <www.sentandoapua.com.br> encontramos algumas referências sobre ele. Nome de Guerra: Ramos; Patente: Suboficial; Registro: B-764; Função: Enfermeiro no 12º Hospital Geral em

considerações contra a tese de José Alves de Oliveira no sentido de retirar das denominações das Tendas de Umbanda o termo "Espírita". No mesmo jornal, de agosto de 1955, Celso Rosa comenta sobre o atrelamento dos terreiros aos políticos. Na edição de janeiro de 1958 temos uma matéria que aborda o respeito, cumprindo a Constituição, pelo Presidente da República à liberdade de crença e criando uma jurisprudência para a segurança dos umbandistas.

Trazemos algumas matérias e imagens da Revista ***Kósmica***, de 1956 e 1957. O periódico ***O Semanário*** publicou uma reportagem, baseada em entrevista com Zélio de Moraes, sobre o aniversário de 50 anos da Tenda Nossa Senhora da Piedade. Também de 1956 e 1957, apresentamos duas matérias da ***Revista do Rádio*** sobre Attila Nunes.

Nunca é demais podermos ler depoimentos sobre o Caboclo das Sete Encruzilhadas como o que vamos encontrar na edição de abril de 1959 do *Jornal de Umbanda*. Na mesma edição uma matéria lembrava o vigésimo quarto aniversário da gloriosa Tenda Espírita São Jorge, ainda em atividade na atualidade.

O número seguinte discorre sobre o Primeiro Recenseamento Umbandista. Infelizmente a edição de abril de 1960 dá conta do fracasso do evento mostrando o descaso da maioria dos umbandistas para algo tão importante. Milhões de adeptos e milhares de terreiros por este Brasil afora e, mesmo assim, ainda hoje, não é possível dimensionar quantos umbandistas existem no país porque nos censos oficiais a maioria se diz católico ou espírita.

O *Diário da Noite*, de 23 de fevereiro de 1960 anunciava, como manchete: *Umbanda promoverá Congresso Nacional contra o fanatismo religioso*. O mesmo jornal, em 24 de julho do mesmo ano, anunciava o encerramento do certame, com a participação de vários políticos e o Bispo da Igreja Católica Brasileia.

O Jornal *A Noite* publicou, em 1962, três matérias produzidas por Geraldo Barroso sobre Tata Tancredo da Silva Pin-

---

Livorno, Itália; Condecorações: Campanha da Itália, Campanha do Atlântico Sul, Medalha Militar Ouro por 30 anos de bons serviços e Presidential Unit Citation (USA); Treinamento: Panamá, Suffolk e Itália. Ao regressar ao Brasil foi servir no Hospital Geral da Aeronáutica, até sua reforma no Posto de Primeiro Tenente.

to e as "guerras" entre Umbanda e Quimbanda, bem como a construção de um Templo-Escola (Mazomba) para médiuns em Magé. Em 23 de maio do mesmo ano, Marta B. Vianna apresentou reportagem mostrando a expansão dos terreiros de Umbanda na Guanabara, desde os bairros de elite até a periferia. Em junho o periódico apresentou uma interessante reportagem dando conta do trigésimo aniversário de atividades do emblemático Centro Espírita Caminheiros da Verdade. A 26 de junho, Cavalcanti Bandeira faz uma abordagem sobre o Orixá Nanã.

A Luta Democrática foi um jornal fundado em três de fevereiro de 1954 pelo político fluminense Tenório Cavalcanti, que foi o responsável pela sua orientação política e editorial. No seu auge, em 1962, chegou a circular com uma tiragem diária de 150 mil exemplares. Era o terceiro maior jornal do Rio de Janeiro, atrás apenas de O Globo e O Dia. Foi extinto em 1980. A Umbanda sempre esteve presente nas suas páginas diárias. Apresentamos algumas notícias e matérias desse periódico sobre a Umbanda, inclusive textos das colunas de Celso Rosa (Decelso) e Mario Thomar, discípulo e mestre de iniciação preparado por W. W. da Matta e Silva, com quem conviveu diariamente até o desencarne do eminente Mestre Yapacani.

O primeiro número da Revista *Gira de Umbanda*, editada por Átila Nunes Filho, foi emblemática, pois, por meio de seu conhecimento, Ronaldo Linares chegou até Zélio de Moraes conforme já explicamos no primeiro volume desta obra. Eu não cogitava de que novos números haviam sido publicados até que chegou às minhas mãos o segundo número. Apresentamos, além de imagens históricas desta publicação, o editorial e algumas matérias históricas do final do ano de 1972, entre elas a do professor Múcio de Melo Alvares sobre o médium Zé Arigó.

Em novembro de 1972, o *Correio da Manhã* entrevistou Lilia Ribeiro e publicou matéria sobre o Dia da Umbanda. A mesma escritora publicou, em 1976, três artigos no periódico *Na Gira de Umbanda*, sobre a codificação da religião, o Batuque do Rio Grande do Sul e o sincretismo.

Prosseguimos com o relato sobre a Segunda Convenção Nacional de Umbanda realizada, em 1978, no Rio de Janeiro. Quatro matérias de Mário Thomar, no *A Luta Democrática*, antecedem o próximo documento que é uma declaração de Zélia de Moraes e Zilméia de Moraes em favor da Casa Branca de Oxalá.

Uma entrevista com Pedro Miranda, da Tenda Espírita de Umbanda São Jorge, aborda a possibilidade de uma gira de Umbanda sem Exu. Em 2008 a cidade do Rio de Janeiro homenageia a Umbanda dando o nome de Zélio de Moraes a uma rua, através de Decreto do prefeito César Maia.

No processo histórico da Umbanda sempre houve uma reduzida preocupação com o meio ambiente. Por exemplo: até poucos anos atrás era comum jogar restos de velas e outros resíduos, provenientes de oferendas e trabalhos, em água corrente. Ou seja, nos rios e cachoeiras. As velas são fabricadas com parafina, produto que é insolúvel na água, tornando-se um poluente para o sistema hídrico. Alguns umbandistas têm produzido pesquisas importantes sobre o tema, orientando, inclusive, o modo correto de descarte de resíduos. O professor Giovani Martins colabora neste livro com o tema Umbanda e meio ambiente.

Encerramos com a tradicional Galeria de Imagens onde disponibilizamos raros registros fotográficos de Leal de Souza e Zélio de Moraes.

Para os leitores que querem se aprofundar na biografia e obra de W. W. da Matta e Silva recomendo o site do irmão Rogério Corrêa:

http://umbandadobrasil.no.comunidades.net

Saravá!

I Congresso Brasileiro do Espiritismo de Umbanda

Palavras Iniciais

Nos dois primeiros volumes desta obra fizemos um resgate do I Congresso Brasileiro do Espiritismo de Umbanda. A Federação Espírita de Umbanda editou os anais do evento que foram publicados em livro por "JORNAL DO COMMERCIO" – RODRIGUES & C., em 1942.

Mostramos a seguir a parte introdutória do livro. O download do livro pode ser feito na página: *http://www.umbanda.com.br/index.php/congressos-de-umbanda*

Introdução

As praticas espiríticas no Brasil veem se se desenvolvendo há mais de meio século, contando hoje com um ativo assaz numeroso de bons serviços prestados ás classes menos favorecidas, quer na parte doutrinaria propriamente dita, quer na parte moral, educativa, e na experimentação fenomênica. Introduzido neste país poucos anos após o aparecimento das obras de Kardec, no último quartel do século passado, o maior desenvolvimento do Espiritismo operou-se principalmente na parte religiosa, que é o trabalho dos dirigentes dos centros espíritas com a finalidade de implantar a fé no coração das massas, despertando nelas o sentimento de fraternidade e amor ao próximo.

Neste sentido a codificação realizada por Allan Kardec ainda constitui a obra fundamental sobre a qual se baseiam os espíritas do Brasil, desconhecendo a maioria dos adeptos desta corrente de pensamento filosófico a grande bibliografia oriental, de cuja fonte multimilenar emanaram todas as seitas, crenças e filosofias, o Espiritismo inclusive.

A reunião do 1° Congresso Brasileiro do Espiritismo de Umbanda, em outubro último, veio trazer uma nova luz ao estudo do Espiritismo entre nós, com a investigação criteriosa a que se entregaram os seus organizadores, em torno desta modalidade de práticas espíritas, cujo número de adeptos cresce de modo notável por toda parte. Pode, mesmo, dizer-se, que o Espiritismo no Brasil acaba de transpor os umbrais de uma nova era com a realização deste primeiro Congresso, cujo êxito excedeu a todas as expectativas, tanto no número e qualidade dos estudos apresentados, quanto no volume da assistência que ali compareceu durante as oito noites consecutivas de suas reuniões.

A ideia do Congresso

O conceito alcançado entre nós pelo Espiritismo de Umbanda nestes últimos vinte anos de sua prática, deu motivo à fundação nesta capital de elevado número de associações destinadas especialmente a esta modalidade de trabalhos, cada qual procurando desempenhar-se a seu modo, para atender a um número sempre crescente de adeptos.

Sua prática variava, entretanto, segundo os conhecimentos de cada núcleo, não havendo, assim, a necessária homogeneidade de práticas, o que dava motivo à confusão por parte de algumas pessoas menos esclarecidas, com outras práticas inferiores de Espiritismo. Fundada a Federação Espírita de Umbanda há cerca de dois anos, o seu primeiro trabalho consistiu na preparação deste Congresso, precisamente para nele se estudar, debater e codificar esta empolgante modalidade de trabalho espiritual, a fim de varrer de uma vez o que por aí se praticava com o nome de Espiritismo de Umbanda, e que no nível de civilização a que atingimos não tem mais razão de ser.

A Comissão Organizadora

Em sua reunião do mês de junho do ano passado, a Diretoria da Federação Espírita de Umbanda nomeou a Comissão para organizar o Congresso, tarefa que por mais de uma vez a mesma julgou superior às suas forças, tais as dificuldades encontradas para a realização de semelhante desiderato. Assistida, entretanto, em todos os momentos, pelos Mensageiros invisíveis do Bem, Mestres e Instrutores dos trabalhadores de Umbanda, a Comissão apresentava em fins de julho seguinte o esquema do programa elaborado para o referido certame, em torno de cujos pontos deveriam girar os trabalhos a serem apresentados em plenário.

Reuniões preparatórias

No sentido de colher elementos de estudo e coordenar os trabalhos em andamento, a Comissão Organizadora, sempre assistida pelo presidente da Federação Espírita de Umbanda, Sr. Eurico Lagden Moerbeck, efetuou várias reuniões preparatórias do Congresso, durante as quais desejou ouvir a palavra autorizada dos Guias Espirituais das tendas acerca da orientação a seguir. A primeira reunião teve lugar, assim, na "Tenda de São Jerônimo", em fins do mês de Agosto, ao fim da qual a Comissão Organizadora melhor pode estimar o vulto dos obstáculos a vencer, diante da desorientação que ali se patenteou acerca dos fins colimados.

Não desanimaram, porém, os seus componentes. Na reunião seguinte, efetuada em princípios de Setembro na 'Tenda Humildade e Caridade', uma luz mais forte se projetou sobre a Comissão, firmando-se desde então o roteiro pelo qual a mesma deveria seguir dali por diante. Nova reunião teve lugar na "Tenda de São Jorge", ainda no mês de Setembro, com um novo êxito para o andamento dos trabalhos, pois que novos esclarecimentos foram trazidos à Comissão Organizadora pelos Guias Espirituais, os quais se manifestaram satisfeitos com o que vinha sendo realizado, e que mais não era do que a execução de planos previamente traçados no Alto.

A quarta reunião preparatória verificou-se na "Tenda de Nossa Senhora da Conceição", a cinco de Outubro, na qual se estudaram novos aspectos dos trabalhos em preparo, recebendo-se por intermédio dos Guias espirituais cujos médiuns ali compareceram, uma nova exortação ao trabalho preparatório do Congresso, cujas linhas principais estavam sendo traçadas com o agrado dos nossos Instrutores Invisíveis.

Uma quinta e última reunião foi realizada já às vésperas do Congresso, com a presença de quase toda a Diretoria da Federação Espírita de Umbanda, vários médiuns chefes de terreiro de tendas ainda não ouvidas e representantes especiais de outras, durante a qual foram ultimados os preparativos e traçado o programa definitivo dos trabalhos, programa este que foi cumprido nas reuniões de 19 a 26 de Outubro de 1941.

O programa

Foi este o programa elaborado pela Comissão Organizadora do 1° Congresso Brasileiro do Espiritismo de Umbanda:

a) HISTÓRIA — Investigação histórica em torno das práticas espirituais de Umbanda através da antiga civilização, da idade média até aos nossos dias, de modo a demonstrar à evidência a sua profunda raiz histórica.

b) FILOSOFIA — Coordenação dos princípios filosóficos em que se apoia o Espiritismo de Umbanda, pelo estudo de sua prática nas mais antigas religiões e filosofias conhecidas, e sua comparação com o que vem sendo realizado no Brasil.

c) DOUTRINA — Uniformização dos princípios doutrinários a serem adotados no Espiritismo de Umbanda, pela seleção dos conceitos e recomendações que se apresentarem como merecedoras de estudo, para o maior esclarecimento dos seus adeptos.

d) RITUAL — Coordenação das várias modalidades de trabalho conhecidas, a fim de se proceder á respectiva seleção, e recomendar-se a adoção da que for considerada a melhor delas em todas as tendas de Umbanda.

e) MEDIUNIDADE — Coordenação das várias modalidades de desenvolvê-la e sua classificação segundo as faculdades e aptidões dos médiuns.

f) CHEFIA ESPIRITUAL — Coordenação de todas as vibrações em torno de Jesus, cuja similitude no Espiritismo de Umbanda é“Oxalá”, o seu Chefe Supremo.

Encerrando a presente exposição julgada necessária pela Comissão abaixo, como introdução à leitura dos trabalhos enfeixados no presente volume, os quais constituem o maior esforço até hoje realizado no Brasil acerca do Espiritismo de Umbanda, um apelo aqui se consigna a todos os estudiosos da matéria, no sentido de uma contribuição mais ampla a ser enviada ao II Congresso, projetado para o ano de 1943.

Rio de Janeiro, maio de 1942.

A Comissão Organizadora do Congresso
JAYME S. MADRUGA
ALFREDO ANTÓNIO REGO
DIAMANTINO COELHO FERNANDES

Cabe ressalvar que o Segundo Congresso só ocorreu em 1961.

Eu fui girar na linha de Umbanda

Nos dois primeiros volumes desta obra apresentamos matérias sobre o famoso Pai de Santo fluminense Orlandino Cobra Coral. Apresentamos aqui um trecho de uma reportagem da Revista *O Cruzeiro*, de 29 de Abril de 1944, feita pelo repórter Edmar Morel com o título: "Eu fui girar na linha de Umbanda", onde o jornalista narra um fato que o marcou profundamente.

O luar dominava a paisagem do morro de São Lourenço, em São João de Meriti, quando diante de mim, vi dois homens de grande estatura, que portavam no ombro esquerdo uma faixa de cor lilás, com os dizeres "Cambone de Exu Tiriri".

Eles me guiaram até o médium Orlandino Pimentel (funcionário do Arsenal da Marinha) e, que na chamada "gira de santo" é conhecido pelo nome de Orlandino Cobra Coral.

O terreiro de Cobra Coral era tosco e pobre, me chamou atenção estranhos sinais feitos a giz, que marcavam o centro exato do barracão e a quantidade de imagens católicas em seu altar, assim como várias velas acesas em torno de uma tábua, de média proporção, repleta de outros estranhos sinais e, também em torno desta tábua havia pedras (pareciam de cachoeira) e um copo grande com água contendo outras pedras.

Os auxiliares de Cobra Coral me disseram conter esta tábua o "ponto riscado" do Caboclo Cobra Coral (espírito protetor de Orlandino Pimentel).

Orlandino Pimentel estava sentado em um pequeno banco

e fumava incessantemente um cachimbo de cor preta; no que enquanto eu fazia uma análise fria e crua do ambiente e dos crentes do terreiro, outro auxiliar do "Cobra Coral" acenou pra mim e disse: –"O senhor pode vir que o Pai Domingues quer lhe mostrar uma coisa"...

Sentei-me próximo ao local onde Orlandino estava sentado e ele, olhando para mim disse: –"Vosmecê espera sentado aí, meu branco, que Velho Domingues está esperando um caso que está quase chegando nesse Congá de Caboclo e o "fio" vai ver e mudar seu pensador".

Fiquei impressionado com que tal espírito Pai Domingues me disse. Primeiro, eu era ateu e, segundo, pouco tempo depois, surgiu uma jovem com um bebê nos braços, o qual pudemos constatar estar visivelmente em estado bastante grave. Indagamos a um dos auxiliares de "Cobra Coral", do porque esta criança não ter sido levada a um médico, ao que um deles me respondeu que os médicos haviam "desenganado" a jovem senhora.

O espírito Pai Domingues pegou a criança (que já mostrava a pele meio que "azulada"), virou-a em algumas posições, colocando-a em seguida de bruços, ao que após isso, começou a vomitar uma substância cinzenta e pegajosa. Após isto, o espírito falou: -"O "figo" do "cafioto" já "ta" limpo, ele vai "miorá".

Realmente, vimos aos poucos a cor da criança retornar a normalidade, tendo a mãe, não cabendo em si, de contentamento, beijado a mão de Orlandino e agradecendo ao espírito curador, retirou-se e foi embora (após a melhora da criança).

O Pai Domingos olhou para mim e disse: -"Agora, tu tem coisa prá escrever nos seus "paper"... E essa foi uma noite mágica que passei num terreiro de "macumba" e, que me fez repensar na crença de um Ser Superior...

Macumba em São Paulo

O Dia, 6 de janeiro de 1948, n. 8005

Reportagem de Orlando Criscuolo e Waldemar Rodrigues

Duzentas pessoas numa sala invocando Ogum – Mulheres de cetim branco em frenesi histérico

Eram mais ou menos 21 horas de ontem que por termos ouvido alguns cânticos que nos pareceram próprios dos rituais de macumba conseguimos penetrar no prédio onde está instalada a sede da "Charitas Beneficiente", entidade espírita instalada a Rua Monsenhor Andrade.

Ao chegarmos aos primeiros degraus da escada, tivemos a confirmação da nossa primeira suposição ao ouvirmos distintamente, esta frase do ritual: "Quem entra na Linha de Umbanda não pode sair".

Podem entrar irmãos

Nos últimos degraus da escada, um senhor barrou nossos passos.

– Onde é que vão? São da casa?

Foram convidados?

A nossa resposta, confusa e inexplicável, o homem gritou:

– Então não podem entrar!

Lá no fundo da sala, além dos degraus da escada, uma voz cortou a conversa que mantínhamos com o porteiro.

– Quem são eles?

– Não sei Pai Damião.

Trazem uma máquina de tirar fotografias.

Pergunte quem são.

– São jornalistas Pai Damião.

E a voz roquenta, forte, compassada chegou aos nossos ouvidos, abrindo-nos o caminho desta reportagem.

– Podem entrar irmãos!

Entramos.

Aparatos completos

A sala era ampla. Mais ou menos duzentas pessoas se comprimiam no seu interior, em redor de uma longa mesa coberta de pano branco muito bem bordado.

À mesa estavam sentadas treze mulheres. Todas vestiam um camisolão de cetim branco, luzidio e limpo. A cintura um cordão azul. Por baixo, umas calças compridas, fechadas por elástico. Sobre o peito cada qual trazia um nome ou várias iniciais: Pai Pereira, Índio Tupinambá, Igrébia e muitos outros que fugiram a anotação.

Rompemos o círculo existente em redor da mesa e chegamos até o centro da sala.

Foi a preta gorda e simpática que nos recebeu dizendo:

– Fiquem a vontade, se vieram por bem. Quem trouxe os irmãos até aqui?

Explicamos que éramos repórteres e que desejávamos assistir aos trabalhos do Centro Espírita "Charitas Beneficiente" e fotografá-los.

Foi depois de mil e uma perguntas que a mesa permitiu a realização desta reportagem.

Começa a sessão

Faz-se silencio. As treze mulheres sentaram-se em torno da mesa. Numa das pontas estava um senhor. Era o único homem, também vestindo um roupão, que tomava parte a mesa.

Pai Damião abaixou a cabeça. Era Gertrudes Damasceno Felix, mais conhecida por "Tudinha".

Todos se concentraram. Em roda da mesa, de mãos dadas, muitos homens e mulheres vestidos da mesma forma e trazendo no peito, bordados, outros muitos nomes.

Eram nomes dos guias que a cada um cumpria trazer para o ritual.

Tudinha, a certa altura, largou o corpo para frente, bateu três vezes com a cabeça sobre a mesa. Estava iniciada a sessão.

– Ogum! Ogum! Ogum! É dono.

Momentos depois, por determinação de Tudinha, mãe do terreiro ali presente com a pessoa de Pai Damião, a mesa foi retirada da sala.

Um frenesi complicado, histérico, tomou conta das filhas de Xangô. Algumas mulheres rodopiaram sobre as pernas, lançaram-se rapidamente para trás e para frente, atiraram-se no chão enquanto que os que formavam o círculo cantarolavam cânticos próprios do ritual de Umbanda.

– Ogum! Ogum! Ogum! É dono do terreiro.

Cenas indescritíveis se desenrolaram rapidamente. Filhas de Xangô, orixás e a mãe do terreiro se compraziam no sensualismo quase mórbido dos ataques misteriosos provocados pelos espíritos reverentes ao ritual de Umbanda.

Transporte da alma

Num dos culminantes momentos do ritual de Umbanda, uma jovem e linda moça, que depois soubemos ser professora, de plano lançou-se para o centro da sala, onde estavam as treze mulheres dançando freneticamente. E Pai Damião gritou:

– Transporte!

Momentos depois aquela mesma jovem era inteiramente retorcida pelas filhas de Xangô. Então – explicaram-nos – seu corpo estava sem alma, não sentia dores e dele se podia fazer o que bem se desejasse.

Um médico examinou a professora e não foi capaz de satisfazer a nossa curiosidade, dizendo-nos apenas:

– É estranho, mas essa moça parece que está morta!

O transporte durou cerca de dez minutos. Depois, rapidamente contorcendo-se, a moça voltou novamente.

O fim da macumba

As danças e os cânticos duraram cerca de duas horas e meia. Um autêntico frenesi cheio de ritmos e de cânticos misteriosos vinha tomando conta das filhas e dos filhos de Ogum.

Nessa altura, uma jovem tomada por seu pai de santo gritou:

– Tem gente aqui, precisamos de auxilio. Tem gente que num crê em Ogum. Vamos ajudar quem precisa e levantar.

Realmente, ao nosso lado, estava uma senhora já dos seus sessenta anos de idade, que ali ia para pedir auxilio e o recebeu das mãos de todos os sócios do Centro Espírita "Charitas Beneficiente".

Uma senhora e uma jovem foram trazidas, a pedido da mãe do terreiro, para dentro do círculo. As filhas de Xangô rodearam-nas. Novos frenesis, menos violentos, tomaram conta de todas.

Soubemos que se preparava uma operação por intermédio da Linha de Umbanda. Novos cânticos. Dez minutos depois a senhora e a jovem foram postas sobre dois bancos.

– Que sentiram? Perguntamos.

Não sei explicar – respondeu-nos uma delas – mas me parece que aconteceu qualquer coisa dentro de mim.

Alguns minutos depois, por ordem de Pai Damião, estava encerrada a interessante e sensacional sessão dos filhos da Linha Branca de Umbanda.

Batida num terreiro de Umbanda em Curitiba

O Dia, 13 de abril de 1950, n. 8380

Presos dezesseis praticantes do "baixo e falso espiritismo"

Os seguidores da Umbanda definem essa religião – vista de cima para baixo, como – Congregação de espíritos superiores no Astral, buscando suavizar e contribuir para a evolução no plano térreo. E ainda vista de baixo para cima – é – a forma como se apresentam em seus trabalhos da matéria; é a simplicidade, a renúncia, o sacrifício; é a brandura, a beleza, a meiguice, ou em termos mais simples – conjunto de preceitos expressos por um ritual simples, unindo todos os seres, quer da matéria quer do espírito, para a perfeição aos Mundos divinos.

Considerada "forma prática de espiritismo, ao alcance de todas as inteligências", é praticada normalmente por milhares de brasileiros de todas as camadas sociais, que não se importam de sondar suas origens.

Pouco importa que suas sete linhas tenham sido originadas nas imagens de Dante, quando descreveu o Céu como formado de sete círculos, nos quais se situavam, centralmente, Deus, e consecutivamente os espíritos mais perfeitos, em ordem decrescente, pouco importa que a denominação das sete linhas – Iemanjá, Inhaçã, Xangô, Oxóssi, Ogum, Senhor do Bonfim e Cruz das Almas, tenha se originado nos ritos selvagens dos índios e dos africanos, ou nas tradições católicas. O que importa, é que Umbanda, a religião que se originou e que surgiu em nosso país, produto das concepções do nosso povo, é praticada, em todo Brasil sem que a isso se possa opor quem quer que seja, pois entre as liberdades fundamentais asseguradas pela constituição, encontra-se a liberdade de culto.

Realizando o sincretismo religioso, isto é, amalgamando concepções heterogêneas de vários sistemas, cujos princípios são harmonizados e combinados entre si, a Umbanda, em vários pontos e regiões do país, exerce sua influência, atraindo turistas, fornecendo subsídios ao folclore e impressionando muita gente.

Nosso clima, entretanto, exerce influência perniciosa sobre alguns praticantes dessa religião, e o fetichismo constantemente aflora, auxiliado de que se ressentem ainda certas classes.

Daí os abusos, a deturpação, a exploração e outras consequências perniciosas.

Em nossa capital, em ponto afastado, no Bairro Alto, reunia-se um grupo em organização que se denominava "Centro Espiritualista Estrela Guia de Umbanda".

Dirigido por Chico Boia, popular profissional da luta livre, o Centro Espiritualista Estrela Guia de Umbanda, foi várias vezes denunciado à policia, por vários motivos, inclusive o de causar grande incomodo à vizinha, graças ao barulho exagerado que faziam a noite os seus frequentadores.

– Por determinação da Delegacia de Segurança Pessoal, às 21:30 horas de ontem, realizou-se uma batida policial naquele centro.

Em um casarão de madeira, onde as luzes elétricas estavam desligadas, dançavam várias pessoas, vestidas de camisolas brancas, seguindo em pulos desengonçados, o chefe.

O local era iluminado parcamente por velas, e a um canto estava o altar, com um grande número de objetos os mais variados – punhais, imagens de santos, andorinhas modeladas em barro, crucifixos, contas, velas, cachimbos, cuias de coco, pacotes de incenso, vinho e cerveja.

Nessa ocasião, foram detidos, à disposição da DSP, os seguintes indivíduos: Osmar Costa, Abelardo Van Der Hostes, João Clemente, Francisco Ribeiro de Oliveira, Raimundo Nonato, Vitorino Alves, Pedro Higidio de Paula, João Alves Ribeiro, Pedro Ribeiro, João Alves, Adelina Costa, Aliata Dutra, Maria da Conceição Alves e Floriste Oliveira Maciel.

Essa iniciativa de nossa policia não vem em absoluto de

encontro aos preceitos constitucionais, pois se a liberdade de culto é assegurada, não é possível consentir que sob o manto da religião, se acobertam malandros e que estes se sirvam de imposturas para explorar os incautos.

Interessante "fenômeno" ocorrido no Centro Espírita Filhos de Umbanda

A Manhã, 2 de março de 1951, n. 2940

O "presidente" atraia os "brotinhos sofredores"

Renato Bretas de Araújo, de 44 anos, casado, estabelecido com negócio de malharia na Rua São José, sobrado, lançou mão de um processo ***sui generis*** para atrair "brotinhos". Fazendo-se passar como cultor da religião de Allan Kardec, costuma reunir habitualmente várias menores no Centro Espírita Filhos de Umbanda, situado na Rua Nerval do Gouveia, 331, do qual é presidente. Agindo assim, ministra-lhes alguns "passes", onde as suas mãos "mestras" evidenciam-se, mas sorrateiramente. A beberagem que ministra é simples. Já que a cachaça é "pau para toda obra", ou melhor, tanto é absorvida no calor como no frio. Renato Bretas viu nela virtudes bastantes para "curar" qualquer mal, principalmente mal de "broto".

Tudo ia muito bem. Os "passes", acompanhados de "marafo", atuavam cem por cento, nas pequenas e inexperientes "almas sofredoras". E o "mestre" "humildemente", usufruía assim os momentos dedicados à "salvação dos seus discípulos".

Mas o senhor Valdomiro Amorim da Cruz, engenheiro eletrotécnico, residente na Rua Coronel Rangel, 67, casa 18, resolveu acabar com a "espinhosa missão" de Renato Bretas. Aquele cavalheiro, ao ter conhecimento de que sua filha Ieda, de 16 anos, se encontrava no tal centro, rumou para lá. Chamou a filha, mas esta não o atendeu. Preferiu escutar as palavras "fluentes" e 'santas" do "pregador". Seu pai, sem alternativa, voltou acompanhado da guarnição do R. P. 67, chefiada pelo detetive

242. Foi um reboliço dos diabos. A filha do senhor Valdomiro apresentou-se visivelmente embriagada. E os três, Ieda e seu pai e o senhor Renato, foram conduzidos ao 23º Distrito e apresentados ao comissário Santos Melo.

Ieda declarou que o seu pai, por não gostar do espiritismo, denunciou Renato. E que não era a primeira vez que frequentava o "centro", pois ali já estivera com sua mãe, senhora Helena Cruz, e seu namorado Paulo. Ao ser interpelada por que ingerira bebida alcoólica, limitou-se a responder que era "médium".

Outras pessoas, porém, corroboraram a denuncia do senhor Valdomiro, informando que o "centro" dirigido por Renato não segue a "linha de Umbanda". E que a cachaça é a maneira de que lança mão o "presidente" para fazer "baixar" o 'santo". Mas, mesmo assim, Ieda não se conforma e diz que seu pai deverá ser responsabilizado pela sua morte, pois ela não poderá viver sendo espancada por ele, que a quer impedir de frequentar o "centro". E pretende suicidar-se.

Por sua vez, Renato Bretas de Araújo, que reside na Avenida Paulo de Frontin, 514, apto 601, declarou que está sendo vitima de uma sórdida perseguição por parte do senhor Valdomiro Amorim da Cruz. Entretanto, as declarações de várias pessoas e do pai de Ieda são graves. Por isso o comissário Santos Melo determinou a abertura de inquérito e mandou que o "presidente" fosse trancafiado no xadrez, embora este exibisse uma carteira de comissário de menores, expedida em 1945. Como se vê o senhor Renato Bretas de Araújo só queria negócios com menores...

Ampliam-se as atividades da União Espiritista de Umbanda

A Noite, 18 de outubro de 1952, n. 14228

Sob a égide da nossa Constituição, que assegura ampla liberdade de culto religioso, diversas seitas e doutrinas se desenvolvem fazendo proselitismo e alargando as suas atividades no domínio da assistência social.

Entre essas comunidades figura a chamada "Religião de Umbanda", que conta com milhares de adeptos, não só no Rio de Janeiro, como, também, em todos os Estados do Brasil mantendo asilos, hospitais, ambulatórios etc.

Existindo nesta capital a União Espiritista de Umbanda, destinada a reunir todas as organizações umbandistas do Brasil, ouvimos a palavra autorizada do Dr. Jayme Madruga, alto funcionário do Banco do Brasil e um dos animadores da referida União, na qualidade de seu presidente.

Algumas obras no campo religioso-social

Inicialmente, informou-nos o entrevistado que a União Espiritista de Umbanda existe desde 1939, com personalidade jurídica, na forma exigida pela Constituição Federal. Discorrendo depois, sobre as obras de caráter religioso a que se tem dedicado essa entidade, esclarece:

Em principio, colima-se a arregimentação das diversas tendas, cabanas, e centros de Umbanda, no Rio de Janeiro e nos demais Estados do Brasil.

Um Congresso de Umbanda, realizado em 1941, em que foram estabelecidas as bases ritualísticas, princípios filosóficos, morais e religiosos; uma orientação doutrinária e prática através da palavra de seus representantes em constantes visitas às casas filiadas ou não e por meio de reuniões de confraternização realizadas nas sedes de suas filiadas, aonde a par de um trabalho de aproximação entre os umbandistas, vão se estreitando os laços de amizade e afinidade espiritual do conjunto, exposição de pontos doutrinários e práticos, que é feita no princípio dessas reuniões, como preparo do ambiente.

Os elementos que comparecem a essas confraternizações são os chefes de terreiros, com seu grupo de médiuns prontos, cambonos, diretores e médiuns aprendizes, sendo que estes últimos não tomam parte ativa na reunião, mas se aproveitam da parte doutrinária e das observações que podem colher, assistindo os companheiros mais adiantados trabalharem.

Não há sentimento de vaidade em ninguém. É norma de trabalho que cada chefe dirija uma vez essas confraternizações, por um sistema de rodízio que consiste na escolha em uma reunião do chefe que irá dirigir a seguinte, ficando os demais chefes subordinados a essa chefia eventual, certos de que todos são tratados em igualdade de condições e que todos há seu tempo terão o bastão de direção.

Não há hierarquia

Não há, para a União, tendas grandes ou pequenas, nem chefes maiores e menores. Todas são igualmente respeitadas e consideradas, sendo seus chefes atendidos com todo o respeito e acatamento que compete a espíritos que estão cumprindo essa missão de chefia espiritual.

A nossa organização, prossegue, é essencialmente democrática. As deliberações e diretrizes são tomadas nas reuniões de representantes, após os debates necessários para esclarecer bem a matéria em discussão, que terminam com a aprovação ou rejeição por maioria de votos, o que investe então a diretoria da União de poderes executivos dessas deliberações.

– O supremo mentor da Religião de Umbanda é a União Espiritista de Umbanda, como organização e nunca seu presidente, individualmente, pois como dissemos, na resposta à pergunta anterior as deliberações emanam, das assembleias de representantes, como organização democrática que é a União, não merecendo a nossa simpatia a figura de um mentor individual, que, usando qualquer título, como o de chefe, primado ou Papa seria sempre um poder temporal individual a determinar normas para as relações com os espíritos guias das organizações, o que necessariamente descambaria para o regime de dogmas e encíclicas infalíveis, que obrigariam com a ameaça de pecado mortal e de penas eternas.

– Se esse mentor fosse escolhido pelos guias chefes de terreiros, ainda assim não ficaria resolvido o problema, porque em uma assembleia de espíritos não poderia haver discrepâncias quanto a escolha que teria de ser unânime, pois só compreenderíamos divergências entre os homens da terra, devendo reinar no espaço uma harmonia perfeita e completa e já tivemos ocasião de ouvir a opinião de vários chefes que divergem entre si sobre essa matéria, o que só pode significar falta de ordem superior para tal primado, ou imperfeição de manifestações de parte a parte, caso em que preferimos estar com Kardec, que prefere duvidar de noventa e nove manifestações sinceras e permitir uma que não o seja. Além disso, nas nossas assembleias comparecem chefes de terreiros e não iniciamos nem terminamos uma sessão sem o preparo de ambiente, preces e invocações, o que, fora de dúvida, significa a influência dos Guias nas nossas decisões, mesmo porque a manifestação espiritual não reside somente no fenômeno da incorporação.

– Mas esse mentor não viria a uniformizar e disciplinar a Umbanda? Insistimos.

– Nunca. Compare a grande diferença que existe entre ordens arbitrárias emanadas de um poder supremo, uma espécie de Papa, em um poder temporal para produzir efeito sobre espíritos e decisões tomadas de forma democrática, em que o próprio poder deliberante fica comprometido pela sua decisão a bem cumprir o que constituiu matéria de sua decisão. Se a Religião de Umbanda se afasta inteiramente da Religião Católica pelos seus princípios dogmáticos, como então harmonizar tamanha incoerência?

Se alguns Santos das duas igrejas coincidem, muitos outros não são aceitos, seja pela Católica, seja pela Umbandista, pois esta só reconhece aqueles que por suas virtudes e demonstrações extraterrenas possam ser ombreados com os espíritos de luz que são seus mentores, não sendo assim cultuados pela Umbanda a milésima parte dos santos católicos pela Católica, que, por sua vez não cultua nem admite os caboclos, índios, pretos velhos, africanos e outros que merecem a veneração das tendas de Umbanda. Isso quanto a entidades, pois em matéria filosófica a divergência é bem maior.

E o senhor Jayme Madruga prossegue as suas explanações:

– Religião de Umbanda segue Cristo como seu supremo mentor, a quem denomina "OXALÁ", mas procura a verdadeira significação de seus evangelhos, sem lhe permitir desvirtuamentos nem tergiversões e como em uma entrevista não é possível expor integralmente uma teoria filosófica, citaremos somente alguns dos pontos de divergência que bastem para demonstrar à sociedade como são diferentes as duas filosofias para nós. Deus não é esse Jeovah, vingador e inflexível que nos foi descrito ao estudarmos o catecismo da Igreja Católica em nossa infância. Portanto, a Religião de Umbanda não aceita o conceito de Céu e Inferno pegadinhos ao planeta Terra. Somos adeptos da lei de reencarnação e, portanto de múltiplas passagens por este e outros planetas, ou planos, através os quais o espírito se vai aperfeiçoando e subindo na escala evolucional. Deus não castiga nem premia: a lei que reconhecemos é a de causa e efeito. Só admitimos um Deus, em uma só pessoa sendo o Cristo, não um Deus mas um filho de Deus, aliás o espírito de maior elevação do planeta Terra e seu dirigente e mentor espiritual chefe supremo portanto da Religião de Umbanda.

Não aceitamos a figura do pecado original, a fórmula de Adão e Eva como pais do gênero humano. Não acreditamos, também, em milagres e já aí estão inúmeros pontos de divergência que já bastam para determinar grandes diferenças sobre pontos essenciais das duas filosofias, mesmo porque a Religião de Umbanda, ao contrário da Igreja Católica Brasileira não procura pontos de identidade que signifiquem um simples cisma, a exemplo, também, das diversas modalidades ditas protestantes tem de seguir uma trajetória completamente divergente, que a tanto o exigem suas bases filosóficas que mais a aproximam das religiões orientais e do espiritismo de Kardec.

Ainda a questão do primado

– Voltando a questão do primado, perguntamos: Pode uma das tendas filiadas à União pretender criar dentro de sua organização esse órgão que iria superintender a Religião?

– Os homens, com sua vaidade, podem tentar tudo, mas dentro da lógica uma organização de grau inferior não se pode sobrepor a uma de grau superior; para frustrar essa nossa observação poderíamos imaginar uma organização sindical em que um dos órgãos sindicalizados passassem a liderança e a orientação que estivesse acima do próprio sindicato.

A união tem seu raio de ação sobre todo o país. Conta com grandes organizações em seu seio grande número de filiadas, um jornal, o "Jornal de Umbanda" que leva a todo país e ao estrangeiro a sua orientação doutrinária. Já fiscaliza e orienta grande número de casas de Umbanda. Está, portanto, à altura de exercer esse controle, de fiscalizar a execução de um ritual que está sendo organizado de acordo com as próprias filiadas de se opor contra as mistificações, as explorações praticadas pelos falsos umbandistas, de determinar o que é Umbanda, o que é Candomblé e o que é Quimbanda. Do que há necessidade é de haver mais apoio à União, das tendas se compenetrarem de sua função educativa e de prática de caridade, dos médiuns deixarem a vaidade de lado e tratarem de cumprir sua missão de médiuns, que é a pratica da caridade, seja espiritual, seja material.

Entre outras se filiam à União: Tenda de São Jerônimo, Tenda N. S. da Piedade, Tenda N. S. da Guia, Tenda de São Jorge, Tenda N. S. da Conceição, Mansão de São José, Cabana Nossa Senhora da Glória, entre outras do Centro da Cidade; nos subúrbios da Central: Tenda Africana São Sebastião, Cabana Espírita Nosso Senhor do Bonfim, Centro Espírita de Caridade Jesus, que tem também suas obras de assistência social em Vila Isabel, Tenda Espírita Mirim, Tenda Espírita São Jerônimo e São Miguel Arcanjo, Centro Espírita Caminheiros da Verdade, Tenda Espírita Urucutum, e muitas outras em Bangu, Jacarepaguá, Cascadura, Engenho de Dentro, Meier, Terra Nova, Marechal Hermes etc. Na zona da Leopoldina, Tenda Espírita São Tiago, Centro Espírita Trabalhadores Humildes, Tenda Espírita Tupinambá e tantas outras que seria fastidioso citar.

Como se vê, a lista é enorme, procuramos citar, de preferência, as casas de caridade já instaladas em prédios próprios, em que ainda funcionam escolas, ambulatórios, orfanatos, gabinetes dentários, cursos práticos e nos abstivemos de citar os nomes das filiadas de São Paulo, Minas Gerais, Paraná, Rio Grande do Sul, Estado do Rio de Janeiro, que são também, em grande número.

O registro na Polícia

Finalmente, o Dr. Jayme Madruga nos fala sobre a questão dos registros na Polícia:

A Constituição Brasileira é clara e precisa no parágrafo 7 do artigo 14, que não admite a mínima restrição à liberdade de culto religioso, mas, no tempo em que não havia a União Espiritista de Umbanda, foram criadas varias medidas pela Polícia no sentido de separar o que era religião do que era curandeirismo, mistificação ou negocistas visando explorar a credulidade publica. Mas esta mesma policia achou por ir além e exigir o registro e subordinação de gregos e troianos e chegamos ao ponto de ser fichados como criminosos, um tempo que não vai longe. Está agora aquele Departamento inclinado a retirar de suas mãos e entregar à União o controle das Tendas de Umbanda, a fim de responsabilizarmo-nos pela normalidade de seu funcionamento e de modo que só permanecessem as organizações não umbandistas que sofreriam as restrições a que viesse, a fazer jus.

Avante umbandistas

Jornal de Umbanda, março de 1953, n. 29

Temos assistido um recrudescimento entre os espíritas chamados kardecistas contra a Umbanda. Não acreditamos em sua sinceridade, em absoluto, pois seus argumentos são os mais pueris, o que significa estarem sendo encobertos motivos de mais alta transcendência escondidos na máscara hipócrita de melindres puristas pela doutrina do Deus Kardec.

Sempre fomos contrários a ataques contra qualquer religião, seita ou escola filosófica, porquanto achamos que todas tem sua razão de ser dentro do conceito evolucionista que é a chave de nossas passagens pelo planeta. Mas não podemos assistir indiferentes a movimentos sórdidos, egoístas e mesquinhos que pretendem solapar a nossa atuação cujo objetivo é a caridade pura.

Que a Igreja Católica tente por todos os meios inconfessáveis nos destruir achamos lógico porque se trata de uma organização industrializada altamente e o decréscimo de adeptos provocado pela sua defecção em prol da Umbanda sacrifica suas rendas enormemente. Mas que os senhores kardecistas, que se fizeram defensores da doutrina codificada pelo excelso Kardec, se esqueçam do "dar de graça o que de graça receberes" e façam letra vã as palavras do codificador que com todo o equilíbrio aconselha a compreensão e diz que todos os caminhos levam a Deus, isso não podemos compreender. E outra coisa não é a atitude dos "espiritistas" de São Paulo se juntando aos católicos dali para pedirem às autoridades estaduais o fechamento das tendas de Umbanda daquele Estado.

Não tememos pelos resultados. Já fomos fichados aqui no Rio quando tentaram atemorizar-nos e fechar as nossas casas. Vencemos então e venceremos sempre. "Guerra santa" e perseguições nunca abalaram ideais. Foi o martírio dos primeiros cristãos que com o sangue derramado fertilizou a terra cuja semente tinha sido regada pelo sangue do Cristo. E a nossa fé, com a proteção desses "Caboclos" e Pretos Africanos", não será menor no momento preciso. É lógico que precisamos estar unidos no mesmo ideal, mas a União Espiritista de Umbanda está lutando por esse objetivo de unificação e lutará sem temor nem desfalecimentos em defesa da Religião de Umbanda, que sairá vitoriosa de todas as vicissitudes.

A bandeira da Religião de Umbanda foi desfraldada, em seu nome não levaremos a invasão, a morte e a destruição a nenhum canto da terra, mas em defesa do ideal sacrossanto do Cristo Jesus, o nosso querido Pai Oxalá, lutaremos sempre pela palavra, pelo exemplo, pelo sacrifício e pela dedicação, a fim de implantar no coração da humanidade o sentimento de amor, de caridade, de fraternidade e a compreensão da verdade.

Codificando o ritual de Umbanda

A Noite, 6 de abril de 1953, n. 14368

Em 1953 houve uma tentativa de codificar o ritual umbandista por parte da União Espiritista de Umbanda. O Jornal *A Noite* publicou uma série de três matérias sobre o tema nos dias 6, 7 e 8 de abril de 1953. Havia uma previsão de mais duas matérias, mas elas não foram publicadas. No *Jornal de Umbanda*, n. 34 e n. 35, de setembro e outubro de 1953, foram divulgadas essas matérias e a explicação da sua não publicação foi a ingerência da Igreja Católica no Jornal *A Noite*. Elas serão apresentadas na sequencia.

"A NOITE inicia hoje, a divulgação do Ritual Codificado de Umbanda, juntamente com palavras do codificador. Assim, os muitos milhares de umbandistas do Brasil tem agora um ritual uniformizado no qual foram eliminadas velhas e inadequadas nuances, pois a religião de Umbanda data de milênios e vem se arrastando da Índia misteriosa até os dias presentes, com as mesmas seculares características.

Codificou o cerimonial o senhor Jayme Madruga, presidente da União Espiritista de Umbanda do Brasil, incumbido que foi da tarefa pelos representantes dos centros filiados à União, e que a propósito nos explicou o seguinte:

– A Umbanda é uma religião sem papa e sem dogmas. Não está presa à nenhuma imposição dogmática do passado e vem evoluindo com a natural evolução dos espíritos. E isso, apenas isso, basta para justificar a necessidade de ajustar pontos a que o progresso emprestou outra significação, outro sentido, outra concepção. E a necessidade, sobretudo, de uniformizar o ritual, em todo o país, determinou a codificação".

A ideia da codificação

– A ideia surgiu, aliás, do Congresso de Umbanda, realizado em 1941, quando foram estabelecidas as bases ritualísticas, princípios filosóficos, morais e religiosos.

A codificação do ritual, porém – explica-nos – não foi feita ao saber de opiniões pessoais ou da média de opiniões. Após vários meses de estudos e de receberam os chefes de terreiros e presidentes das tendas filiadas, sugestões dos espíritos, na reunião do dia 6 de novembro de 1952, na sede da Tenda Espírita Nossa Senhora da Conceição, foi a codificação aprovada. O novo cerimonial, portanto, obedece aos seguintes pontos, no que se refere à abertura:

Sessão pública de caridade

1) Cinco minutos, pelo menos, antes da hora (20 ou 20:30 horas) do inicio dos trabalhos, os médiuns devem estar no Terreiro, concentrados em silêncio.

2) Preparo do ambiente por intermédio do defumador, com ponto cantado, que deve ser um dos três constantes do anexo.

3) Prece (proferida pelo diretor de Assistência Espiritual, ou por alguém credenciado para tal).

4) Continuação do preparo do ambiente, por meio de explanação doutrinária, filosófica, sobre prática de Umbanda ou de moral (cerca de 15 minutos de duração).

5) Declaração de abertura dos trabalhos, em nome de Deus ou Zambi, de Oxalá ou Jesus, do Patrono da Casa, do Guia Chefe da Casa e de todos os trabalhadores invisíveis da Umbanda.

6) Ponto de Oxalá (cantado) – (o ponto deve ser um dos constantes do anexo). Os médiuns de joelhos ou deitados, conforme a organização da Casa.

7) Saudação ao Patrono da Casa (ponto-prece) como no número 6.

Parágrafo único. Em dias de festa de Santo, deve ser antes, saudado o Santo do dia.

8) Ponto (cantado) da chamada do Guia Chefe da Casa para sua incorporação ou não.

Parágrafo único. Quando o Guia Chefe da Casa não incorporar, por qualquer motivo, deve ser tirado o ponto em seguida para o Guia substituto.

9) Saudação ao Guia Chefe da Casa, de acordo com a organização de cada Tenda.

10) Ponto (cantado) de chamada dos Guias que vão trabalhar.

Inicio da parte espiritual propriamente dita, sessões de passes mediúnicos, correntes de descarga, doutrinação de obsessores, sessões de descarga, de trabalhos etc. (na prática integral de Umbanda, a doutrinação dos obsessores é feita no espaço pelas entidades superiores.

Encerramento

1) Ponto de subida dos Guias (menos o Guia Chefe) depois de serem atendidos os assistentes ou terminados os trabalhos.

2) Saudação ao Guia Chefe da Casa, de acordo com a organização de cada Tenda.

3) Ponto de subida do Guia Chefe.

4) Ponto-prece de despedida que deve ser cantado com os médiuns ajoelhados ou deitados, conforme a praxe da Casa.

5) Prece de agradecimento (final).

6) Declaração de encerramento dos trabalhos (deve ser feito em nome de Deus ou Zambi), de Jesus (ou Oxalá), do Padroeiro da Casa, do Guia Chefe da Casa e de todos os Trabalhadores invisíveis da Umbanda.

As razões da uniformização

O senhor Jayme Madruga passou, a seguir, a comentar os pontos principais do novo ritual, dizendo-nos:

– Como se vê, o ritual ora codificado procura uniformizar a ordem dos trabalhos. Não fere susceptibilidade de médiuns, nem de organizações, pois nele se cuida da parte preparatória e do encerramento.

Figura 2: Jayme Madruga

Uma vez o Guia Chefe e seus auxiliares incorporados, àquele compete a direção e responsabilidade do transcurso dos trabalhos, voltando a codificação para o momento de sua subida ao astral.

Anteriormente, cada um seguia uma orientação própria, o que não pode perdurar, quando se está pretendendo unificar e estabelecer as linhas mestras da Religião de Umbanda. Entretanto, a União Espiritista de Umbanda procurou não estabelecer novidades nem inventar práticas novas, e por isso se socorreu dos chefes de terreiros, com a assistência dos seus guias chefes.

As divergências com a Eclética

– E o que nos diz das possíveis divergências entre esse ritual e o que está publicado no livro "Evangelho de Umbanda", de autoria do mentor da Eclética?[1]

– Preliminarmente, embora reconhecendo as virtudes, o alto grau de conhecimento de Yokaanam, não pode a Religião de Umbanda se subordinar à orientação de uma organização de que não faz parte e que pelo seu próprio título é eclética. Dentro desse ecletismo há que se reconhecer certa deficiência quanto à especialização, pois se eles lá praticam ou pretendem praticar todas as religiões, não será possível praticá-las com toda a perfeição possível.

O mestre da Eclética vê os problemas de Umbanda mais de fora do que de dentro, tanto que taxa, generalizando, todas as Tendas de Umbanda de africanistas. Não podemos deixar de encontrar uma semelhante entre a sua teoria e a da Igreja Católica: –'Fora da Igreja não há salvação'.

A influência africana

1 Fraternidade Espiritualista Eclética Universal de Mestre Yokaanam (nota do autor).

Há que compreender que a Umbanda nem sempre é bem compreendida fora ou mesmo dentro das organizações umbandistas. O problema é complexo, difícil, mas com o esforço e boa vontade de todos será possível ir escoimando os defeitos e excessos até que se possa eliminar completamente as influências do Candomblé, do Omolocô, da magia negra.

– A influência africana – concluiu o senhor Jayme Madruga – terá de persistir, como a do cristianismo ou de qualquer outra religião, mas tão somente a influência. Como resultado teremos, então, uma religião bem nítida e transparente de qualquer outra e não há necessidade, na Religião de Umbanda, de sombra de qualquer outra para sobreviver.

N. R. – Prosseguiremos amanhã com nova entrevista do codificador do ritual de Umbanda, na parte referente a sessões de caridade, inclusive esclarecimentos sobre receituários.

LAFER FALARÁ AMANHÃ NA CÂMARA

PRÊSO, EM MOSCOU, O CHEFE DO SERVIÇO DE PESQUISAS DO MINISTÉRIO DE SEGURANÇA DO ESTADO

SAQUEADA A PREFEITURA DE CAMOCIM

AFIRMA O SECRETARIO DE FINANÇAS:

REVISÃO TOTAL DOS IMPOSTOS E TAXAS DA PREFEITURA

DIZ A "A NOITE" O MINISTRO JOÃO ALBERTO:

É OBSOLETO

O NOSSO SISTEMA CONSULAR E ADUANEIRO

O GRANDE EXPURGO

OUVINDO CARMEN MIRANDA EM FLORENÇA

A NOITE

O PROPRIO PREFEITO CASSOU DUAS LICENÇAS DE FEIRANTES

39 NAVIOS DESCARREGANDO

O MONSTRO DE LONDRES

CONSPIRAÇÃO EM CUBA

PRISÃO EM MOSCOU

DADA A PRIMEIRA AULA NA FUTURA CIDADE UNIVERSITÁRIA

Codificado o ritual de Umbanda

O CASO DO ALGODÃO

Figura 3: Primeira página do jornal *A Noite* onde foi publicada a entrevista com Jayme Madruga sobre a codificação da Umbanda.

"A matéria carrega larvas espirituais"

A Noite, 7 de abril de 1953, n. 14369

Figura 4: Ilustração de *A Noite* sobre uma oferenda

Prosseguimos, hoje, com a apresentação de mais uma parte do ritual codificado de Umbanda, transcrevendo-a juntamente com novas considerações do senhor Jayme Madruga, alto funcionário do Banco do Brasil, seu codificador.

Nesta segunda parte, o ritual proíbe o receituário de remédios. Mezinhas ou indicações de ervas do mesmo modo que instrui sobre o uso do fumo e das bebidas, elementos de precipitação fluídica e, portanto, elementos espirituais. Eis a outra parte do ritual:

1) As sessões de caridade constarão de passes com objetivo de eliminação de fluidos que estejam perturbando os pacientes, de conselhos de caráter orientador para os que se acham em aflição etc.

2) Não será permitido o receituário de remédios, mezinhas ou indicação de ervas. Nas Tendas em que houver consultório médico, os doentes serão encaminhados a esse departamento.

3) É permitido nessas sessões o uso do fumo, água, flores,

velas e indicação de banhos de descarga.

4) As bebidas, pelas quais serão responsáveis os médiuns, em qualquer descontrole, só serão permitidas em sessões de trabalhos com número pré-determinado de assistentes ou em dias de festividades grandes.

5) A pemba é objeto de ritual secreto e por isso não deve aparecer nas sessões públicas.

6) É aconselhável uma mesa de médiuns para segurança dos trabalhos e descarga de obsessores.

Sessões de desenvolvimento mediúnico (privativas)

A sessão de desenvolvimento mediúnico compreende:

a) Instrução doutrinária, filosófica e moral;

b) Desenvolvimento das diversas faculdades mediúnicas do individuo.

Quanto à letra "a"

1) O médium antes de começar o desenvolvimento deve comparecer às sessões, sem tomar parte efetiva a fim de receber instrução doutrinária necessária.

2) As aulas deverão levar pelo menos meia hora e se destinam aos principiantes e aos mais adiantados.

3) Quando o iniciante começa a ter noção de sua função de médium deve ser submetido a testes de mediunidade, isto é, a experimentação que venha a determinar se é médium de incorporação ou de outras faculdades (audição, vidência, intuição, transporte, efeitos físicos, psicográficos etc.).

4) Do resultado dessa verificação será o aspirante desenvolvido dentro de sua especialidade.

Quanto à letra "b"

1) O médium antes de começar o desenvolvimento deve comparecer às sessões, sem tomar parte efetiva, a fim de receber instrução doutrinária necessária.

2) Devem ser orientados de modo a quando fizerem uso do fumo, da bebida, não cuspirem. O cuspir é material e o fumo e a bebida são elementos de precipitação fluídica e, portanto, são elementos espirituais.

Do cerimonial de firmeza das sessões

Há vários sistemas de se fazer a firmeza dos trabalhos:

a) É feito o ritual na "porteira" antes do inicio dos trabalhos, acendendo-se uma vela e fazendo-se oferenda de "marafo" ao Povo da Encruzilhada, sendo no final levantado o ponto.

b) São cantados três pontos para Exu, logo depois da entrada dos médiuns do terreiro e decorrido o tempo determinado no número 1 do ritual, seguindo-se então o "defumador" e o mais. No final, também são entoados três pontos de Exu.

c) A firmeza feita por mentalização, sem nenhum ritual externo.

Há ainda os que adotam conjuntamente os sistemas preconizados nas letras "a" e "b", sendo também comum cantarem somente um ponto em que são chamadas diversas entidades da encruzilhada.

Nas sessões de descarga é também chamado o Povo da Encruzilhada para fazer a limpeza do terreiro, as descargas para que se tornem necessárias às eliminações de vibrações e o mais de que são encarregadas essas entidades, sempre dentro do principio da prática do bem e da neutralização dos malefícios oriundos da magia negra.

Essas sessões são realizadas no principio ou no fim de cada mês e não devem ter assistência, devendo estar presentes somente os médiuns, os ogans, os cambonos, os diretores, enfim, a corrente da Casa.

Em todas as festividades, é comum a invocação desses trabalhadores, que vão assim se integrando dentro das correntes fraternais da Umbanda.

Um sentido espiritual

Esclarecendo os principais pontos, disse-nos o senhor Jayme Madruga:

– As sessões de caridade o são no sentido espiritual. O ritual esclarece a questão do receituário, pois há que se respeitar as leis e o Código Penal, que não o permite.

Quantos aos banhos de descarga têm o objetivo de eliminação de larvas espirituais, que muitas vezes chegam a prejudicar indiretamente a saúde, mas não tem objetivo de cura do corpo, e sim do espírito.

O fumo, a água, a pemba, flores, velas e bebidas tem sua base na parte da magia, pois a Umbanda tem Magia e Espiritismo.

É preciso salientar que a magia é a do bem, através da qual se estabelece a neutralização dos malefícios consequentes ou oriundos da Magia Negra. Quanto ao Espiritismo, embora Umbanda não seja Espiritismo, utiliza-se dos espíritos e da mediunidade, portanto, do Espiritismo, pois quem faz a magia são os espíritos e não os médiuns.

* * *

Prosseguiremos amanhã, divulgando a parte codificada que se relaciona com as sessões para crianças, batismo, e confirmação.

“Crianças não podem receber espíritos”

A Noite, 8 de abril de 1953, n. 14370

Figura 5: Ilustração de *A Noite* sobre o tema

Nesta terceira e penúltima reportagem, vamos divulgar a parte codificada do ritual de Umbanda que trata da exigência dos uniformes, requisitos para a incorporação, sessões para crianças e o batismo e confirmação.

Ainda ai a codificação altera velhos e arraigados princípios, e é precisamente nesse ponto que vamos verificando quanto foi complexo o trabalho de uniformização que, segundo o codificador, senhor Jayme Madruga, só podia mesmo ser conseguida com o auxilio de todos os guias espirituais das numerosas tendas. Também foi definitivamente afastada a usança, comum em determinados terreiros, das fantasias de caboclo, muito embora, em dias de festa, seja permitido o uso de roupas de cores.

Mas deixemos os comentários e passemos à divulgação da própria codificação:

Tudo deve estar muito limpo

1) Todos os médiuns, cambonos, ogans, dirigentes e mais membros da corrente espiritual devem apresentar-se com uniforme e sapatos de tênis brancos, de tecido de algodão, podendo variar de tenda, mas devendo sempre ser o mesmo para cada organização. Mesmo quando o Guia trabalhar descalço deve o médium entrar no terreiro de sapatos de tênis, tudo muito limpo, tanto o copo como o uniforme de modo a ser dada a melhor impressão aos que assistem à sessão.

2) É permitido o uso do fumo (cachimbo ou charuto) quando solicitados pelos Guias.

3) São permitidas aos Guias as saudações reciprocas quando incorporados, de acordo com o estilo e hierarquia de cada um, segundo instruções do Guia Chefe da Casa.

4) Uma vez incorporado o Guia Chefe da Casa a ele compete a direção espiritual dos trabalhos, disposição dos médiuns, cambonos, ogans etc., sendo igualmente sua, a responsabilidade pelo que ocorrer durante os trabalhos.

5) Guia Chefe será sempre o primeiro a incorporar e o último a subir, não podendo haver mais nenhuma incorporação no Terreiro após a sua subida.

6) Em dias de festa no Terreiro, são permitidas as roupas de cores, segundo a organização de cada Tenda, não significando tal permissão que sejam permitidas fantasias de caboclo ou semelhantes.

7) Não é permitida a cobrança por qualquer trabalho ou obrigação. É sempre aconselhável quando houver necessidade de material para qualquer espécie de trabalho que sejam os próprios interessados que comprem o que for determinado pelo Guia.

Das sessões para crianças

1) As crianças não devem ser admitidas nas sessões de trabalhos ou de magia.

2) Nas sessões de caridade podem assistir e tomar passes.

3) Também nas sessões de desenvolvimento podem assistir, principalmente a parte doutrinária.

4) Ressalvados, entretanto que o desenvolvimento mediúnico somente deve ser iniciado na idade adulta.

5) Aconselhamos, de preferência a criação de sessões especiais para as crianças, onde as mesmas tomem passes e recebam orientação religiosa.

6) É de todo o interesse que comece da infância a orientação doutrinaria daqueles que serão futuramente os umbandistas e que poderão assim seguir uma diretriz firme sem confusões nem influências estranhas adquiridas na frequência de aulas de outras religiões.

Do batismo e da confirmação

A) DO BATISMO

1) O batismo na Religião de Umbanda é o primeiro contato do recém-nascido com os Guias espirituais e por isso deve ser realizado dentro do primeiro mês de nascimento.

2) As tendas devem ter um dia marcado em cada mês para essa cerimônia, de preferência em dia que não haja outra sessão, podendo ser escolhido o domingo à tarde, com a presença dos médiuns, cambonos e ogans uniformizados, sendo feito o ritual comum das sessões até o número 10, quando então o Guia Chefe ou seu preposto fará a cerimônia do batismo que será com água da cachoeira e luz.

3) O padrinho assistirá o ato com uma vela acesa na mão direita e a madrinha ficaria com a criança no colo.

4) O ritual de abertura poderá ser reduzido com a supressão do ponto 5, sendo que a prece e a parte doutrinária (pontos 3 e 4) devem ser feitas de acordo com o objetivo da reunião.

5) Terminado o ato, far-se-á o encerramento, de acordo com a abertura, isto é, se naquela foi suprimido o número 5, neste se começará do número 2.

B) DA CONFIRMAÇÃO

1) A confirmação deve ser feita na idade de 7 anos, podendo ser aproveitada uma data de ida ao rio ou à cachoeira, devendo o banho ser de corpo inteiro.

2) Os padrinhos, que podem ser os mesmos do batismo ou outros, levarão velas e flores, sendo oficiante o Guia Chefe ou seu preposto.

3) Será seguido o mesmo ritual de abertura e encerramen-

to da cerimônia do batismo, feita a adaptação necessária.

4) A criança deverá estar vestida toda de branco e ser enxuta após a cerimônia com uma toalha branca nova.

5) Tanto do batismo como da confirmação será feito registro na Tenda e fornecido uma certidão aos interessados e feito uma comunicação à União, que criará o seu registro próprio.

6) Nada será cobrado pelos atos, nem pelas certidões, devendo as despesas que porventura tenham de ser feitas ser custeadas pelos interessados.

* * *

Na quarta e última reportagem que publicaremos amanhã, daremos a parte codificada relativa ao casamento, considerações gerais, ofício dos desencarnados e o sinal da cruz.

Quarta entrevista do presidente da U. E. B. ao jornal *A Noite*

Jornal de Umbanda, setembro de 1953, n. 34

Nesta quarta reportagem, que, aliás, não chegou a ser publicada no jornal "A Noite" por certo jungido pelo dedo de interesses da religião católica, que vem sentindo o prejuízo pecuniário que lhe causa a organização da Religião de Umbanda na sua elucidação a seus adeptos a fim de não procurarem fora o que tem dentro da sua própria religião, pois outro não poderia ser o motivo já que grande foi a procura dos jornais em que foram publicadas as três primeiras entrevistas, fica completa a publicação do ritual aprovado pelos chefes de terreiro das filiadas da União.

No ritual sobre o casamento procuramos adaptar o ritual geral, com as modificações aplicáveis, ficando a parte espiritual da cerimônia a cargo do Guia que oficiar no ato, sendo aconselhável ser dado certo realce em que se inclui a vestimenta de noiva com véu e grinalda de modo a não ferir o almejo que tem toda a moça de se vestir dentro da tradição, o cruzamento das alianças e orientação doutrinária sobre o ato.

Em matéria de casamento diferimos do ponto de vista dos kardecistas, que não sendo uma religião no sentido perfeito da palavra não solenizam o ato que de fundo religioso deve ser consagrado quando se trata de religião, como no nosso caso. Como é fora de dúvida as religiões não podem ficar alheias em momentos importantes como o do casamento que ainda apresenta um aspecto social de suma importância, isso sem deixar de parte o principio moral que tal instituto representa.

Sobre os uniformes, a União embora deixando a cada organização a liberdade de escolhê-los, recomenda, entretanto, uniformidade dentro de cada casa e a máxima higiene, pois, não compreendemos prática religiosa fora dos preceitos de moral e de higiene.

Quanto ao ofício pelos desencarnados, o ritual procurou, sem quebrar as linhas gerais do que está estabelecido para as demais sessões, ser objetivo e suprir as deficiências que as missas de sétimo dia apresentam e que as tornaram mais um simples ato social de apresentação de pêsames à família enlutada do que a orientação do espírito desencarnado que precisa ser encaminhado e esclarecido em sua nova e verdadeira vida espiritual.

De permeio, são sempre feitas as recomendações contidas na doutrina codificada por Kardec que manda dar de graça o que de graça é recebido.

Finalmente, termina o trabalho dos chefes de terreiro que confeccionaram esse ritual com uma recomendação sobre as palavras que devem acompanhar o sinal da cruz, de modo a adaptá-lo ao princípio filosófico que abraçamos da unidade de Deus e da posição de Jesus, não como um Deus, mas como o governante e o espírito mais evoluído do planeta em que habitamos, contendo ainda um apelo ao Anjo da Guarda.

Passaremos agora a transcrever os últimos capítulos do ritual:

Do casamento

1) O casamento é ato de suma importância, pois em sua base é construído o lar e a família é constituída, por isso deve ser dado realce especial à cerimônia, com altares iluminados e enfeitados de flores, e com a presença da corrente toda uniformizada, indo a noiva de vestido branco, véu e grinalda.

2) O ritual preparatório será o de abertura, suprimido o ponto 5, sendo que a prece (3) e a parte doutrinária (4) devem ser feitas de acordo com o objetivo do ato.

3) Será oficiante o Guia Chefe incorporado ou, no seu impedimento, o substituo.

4) As alianças serão cruzadas pelo Guia, devendo os pa-

drinhos e madrinhas tomar parte na cerimônia com uma vela acesa durante o tempo todo que durar o ato.

5) Efetuado o casamento, far-se-á, suprimindo o ponto 1, o ritual de encerramento.

6) A diretoria da Tenda, dentro das possibilidades, poderá oferecer uma mesa de doces e refrigerantes para dar maior realce ao ato.

7) Antes da realização doa ato, será exigida a apresentação da certidão do ato civil.

8) Do ato será fornecida certidão e comunicado à União, que criará os registros necessários.

9) Nada será cobrado pelo ato, nem pela certidão, devendo as despesas que porventura tenham de ser feitas ser custeadas pelos noivos.

Considerações gerais

Todos os membros da corrente (médiuns, cambonos, ogans, dirigentes etc.,) deverão apresentar-se com uniforme branco de tecido de algodão. Os homens de calça e dolma[1] fechado no ombro; as senhoras com vestido de saia godê, de saia rodada e blusa branca (baiana), avental fechado com calça comprida como de homem, sendo que nos dois primeiros casos deve ser usada uma calça com elástico na bainha, que deve ir até o tornozelo ou pelo menos até a metade da barriga da perna.

É preciso notar que essas variações acabadas de ser indicadas, não são para que em uma mesma tenda cada um use um uniforme dentre os apontados, mas pelo contrário deve haver em cada Casa uniformidade absoluta de modelo de uniforme.

Os médiuns mesmo aqueles cujos protetores trabalham descalços devem entrar no terreiro de sapato branco de tênis que serão tirados depois, devendo o uniforme e os sapatos estar irrepreensivelmente limpos, pela má impressão que causará à assistência a falta de asseio no corpo, seja no vestuário.

Do oficio dos desencarnados

1) A prece pelos espíritos desencarnados, sua elucidação e orientação sempre foi feita em sessões de caridade, o que pode

1 Túnica.

continuar a ser feito, entretanto, devem ser feitos ofícios especiais logo após seu desencarne, na semana seguinte. Para tal objetivo devem as tendas ter um dia por semana dedicado a esses ofícios de sétimo dia, podendo ser adotado o seguinte ritual:

2) Será constituída uma mesa de segurança e de descarga, constituída por médiuns, sob a direção do diretor de Assistência Espiritual, ou por um doutrinador de sua confiança.

3) A abertura será a do ritual comum às sessões de caridade, sendo que os pontos 3 e 4 (prece e doutrina) serão orientados de acordo com o objetivo da elucidação dos espíritos desencarnados.

4) Na forma habitual, feita a abertura o Guia Chefe orientará os trabalhos.

5) Findo o oficio ou ofícios, será feito o encerramento dentro do ritual comum, seguindo-se sempre na parte de prece o objetivo da sessão.

O sinal da cruz

O sinal da cruz, símbolo do cristianismo, será feito com as seguintes palavras:

Ao tocar a mão direita à frente: Em nome de Deus (em nome do Pai) (em nome de Zambi).

Ao tocar a mão direita no coração: Em nome de Jesus (em nome de Oxalá).

A mão direita cruzando os ombros da esquerda para a direita: Em nome do anjo da Guarda.

Pode ser feito: Em nome de Deus (ou do Pai), de Jesus (ou de Oxalá) e do anjo da guarda.

Em nome de Zambi, de Oxalá e do Anjo da Guarda.

No próximo número terminaremos esta série de entrevistas.

Quinta entrevista do presidente da U. E. B. ao jornal *A Noite*

Jornal de Umbanda, outubro de 1953, n. 35

Completando a série de entrevistas e a publicação do ritual aprovado pelas Tendas filiadas à União Espiritista de Umbanda, publicamos hoje os últimos tópicos de nossa palestra com o seu presidente, Dr. Jayme Madruga que, apesar de seus múltiplos afazeres, encontra sempre tempo para atender o repórter na sua missão de interrogar para orientar o leitor.

– O ritual de Umbanda que acabamos de publicar como tem sido recebido?

– O ritual, como não poderia deixar de ser, tem sido muito bem recebido pelas tendas filiadas e até por outras que ainda não são e que vem nos procurando justamente por terem apreciado o nosso trabalho. É preciso frisar que esse ritual foi organizado de comum acordo pelos chefes de terreiro, com a assistência espiritual de seus Guias.

– Não tem havido reação por poderem esses Guias achar que os homens da terra estejam pretendendo legislar para os Espíritos?

– Em absoluto. O ritual, como se vê pela simples leitura, não se intromete com a direção imprimida pelos Guias Espirituais, é antes e principalmente um ritual da parte material das sessões, isto é, de abertura e encerramento. Consiste em preparar o ambiente para a propiciação da chegada das entidades, em dar orientação doutrinária, filosófica, moral e prática aos adeptos e médiuns, o que significa melhor compreensão, maior segurança para os médiuns e melhores resultados em consequência para os trabalhos espirituais.

E não se esqueça de que grandes são as maravilhas realizadas silenciosamente nessas tendas de Umbanda. Não fora a repetição continua desses fenômenos, que em outras religiões são denominados de milagres, e principalmente o nosso sistema de trabalho silencioso e os jornais estariam cheios, não de acusações de baixo espiritismo, mas de fatos extraordinários que andam nos corações de todos que já receberam benefícios imensos.

A Religião de Umbanda não faz nem precisa de propaganda, pois a multidão imensa de seus frequentadores se encarrega de espalhar as ocorrências e de aconselhar aos que sofrem a ida a esses templos de caridade para o obtenção de um lenitivo para as suas dores e aflições. É então que se pode verificar quanta luz irradia desses Pretos Velhos e Caboclos que vivem a distribuir caridade a mancheias, dentro de uma grande humildade, que parece querer pedir desculpas pelas grandezas que encontram em seus corações cheios de amor e fraternidade desses mensageiros da bondade divina.

– Em uma das entrevistas consta a proibição do receituário; como então podem ser feitas as caridades a que se está referindo?

– Não podemos nem devemos nos insurgir contra as leis ou poderes constituídos e portanto não podemos deixar de apoiar nossas instruções dentro da legalidade e caridade não é só receitar e dar remédios, muito embora os bondes e os jornais estejam cheios de anúncios em que são aconselhados remédios para todas as mazelas sem que isso fira de leve o Código Penal, mas queremos colaborar com as autoridades sem sofismas nem subterfúgios, mesmo porque é preciso separar o joio do trigo e não nos confundir com os mistificadores, com os aproveitadores ou profissionais do engodo.

– Que me diz das entrevistas dadas pelo comissário da seção de tóxicos e mistificações, a que todos estão afetos na Policia esses assuntos?

– O Dr. Acióli Tenório me parece bem intencionado e está agindo com muito equilíbrio e prudência. É lógico que tem de reprimir o receituário, pois é um dos fiscais do Código Penal.

Diz muito bem que a policia não pode determinar as mistificações, o que já transcende e exige um conhecimento que só os da religião podem ter. Nessas condições é de muito menos eficiência o registro feito naquela seção, o que poderia ser corrigido se fossem ouvidas preliminarmente as Entidades que superintendem as o assunto. Essas Entidades seriam a Federação Espírita Brasileira para os Centros Espíritas, chamados "kardecistas", e a União Espiritista de Umbanda para as Tendas de Umbanda.

– E as outras organizações?

– Essas que são os Candomblés, as Quimbandas, os africanistas, os Omolocôs, constituindo uma minoria, enquanto não se organizarem com Entidades Superiores, seriam controladas como até o momento presente, mas mesmo assim estaria de muito facilitada a ação da Policia.

– Aquela autoridade fala na formação dos médiuns?

– Isso está sendo objeto de cogitação da União umbandista que está organizando Escolas de Médiuns, onde estes se preparam para seu desenvolvimento mediúnico posterior e também um Curso de Instrutores que orientará os médiuns responsáveis em como dirigir as Escolas de Médiuns.

– Mudando um pouco de assunto, quais as obras sociais que estão dentro das realizações da União de Umbanda?

– O programa é amplo, mas depende de tempo, de dinheiro e de muita boa vontade, mas mesmo assim temos um jornal com tiragem em ascensão, já temos terrenos onde serão construídos um templo, uma escola, cursos diversos, um retiro para médiuns, sem contar as confraternizações que objetivam o entrelaçamento de amizade entre os componentes das organizações filiadas, apuro de ritual e melhor atendimento.

– A Religião de Umbanda tem filosofia própria?

– Naturalmente. O nosso jornal vem com toda regularidade apontando os pontos de orientação filosófica, em uma forma bem racional, pois os nossos pontos doutrinários não se escudam em dogmas, nem em preconceitos ou ilogismos, por isso o nosso trabalho tem de ser de elucidação muito clara e sem sofismas e de forma acessível a todas as inteligências e graus de cultura.

Carta aberta aos diretores, médiuns e chefes de terreiros das tendas espíritas de umbanda

Jornal de Umbanda, outubro de 1953, n. 35

Excelentíssimo Senhor Presidente da União Espiritista de Umbanda.

Tendo tomado conhecimento da carta aberta publicada no "Jornal de Umbanda" do mês de agosto, do irmão José Alves de Oliveira, que vem divulgando a ideia da substituição do nome até agora empregado de Espírita, Espiritista, para o nome de Tenda de Umbanda, afastando, portanto, as palavras "Tendas Espíritas" das Tendas de Umbanda. O assunto é dos mais sérios e merece cuidadosa meditação, sobretudo porque não nos impede que tentemos harmonizar os nossos pontos de vista.

Em primeiro lugar, respeito o ponto de vista do nosso confrade, digno irmão José Alves de Oliveira, pela admiração à sua fé, a seus atributos pessoais, à sua honradez, integridade de caráter elevado, inteligência e, sobretudo, seu talento e capacidade de sua vida tão preciosa na parte material e dentro do Espiritismo de Umbanda, mas não concordo seja melhor suprimir o termo Espírita dos nomes das tendas porque fundamento esta opinião nas próprias consequências, posto que, eliminando o conceito fundamental da vida espírita usado nas tendas, estaríamos também eliminando tudo o que se costuma considerar como objeto próprio do sentimento religioso espírita.

A denominação espírita nas tendas e a faculdade dos guias espirituais nos levam crer na existência de um Ente Supremo, e todas estas definições servem para esclarecer-nos a respeito da maneira de penetrar-lhe o profundo sentido espiritual da palavra "espírita" nos títulos das tendas. Categoricamente, não pode ser afastada a palavra "espírita" que deve permanecer com este elevado objetivo, que é indiscutível e fora de dúvida.

Ninguém melhor do que o nosso irmão Dr. Jayme Madruga deve defender a faculdade do uso da palavra "espírita". A qualquer título pelas tendas. A palavra "espírita" é valiosa para as tendas; a palavra "espírita" é um dos mais fortes esteios para as tendas espíritas que resplandecem acima da miragem das glórias, sabedoria e virtude alcançando-as e elevando-as no desbravamento da verdade. Seja, portanto, nosso lema, buscar a verdade onde quer que ela se encontre, desfraldemos como sempre a nossa bandeira como Tenda Espírita, correspondendo, assim, ao amoroso pensamento do nosso Divino Mestre, quando disse que das ovelhas que o Pai lhe confiou nenhuma se perderia e que ao fim dos tempos haveria um só rebanho e um só Pastor. Sejamos discípulos disciplinados dos nossos guias espirituais no respeito às leis divinas e aos preceitos emanados dessas leis.

Por muito que cresçamos nunca haverá o afastamento da palavra "espírita" da Tenda de São Jorge, pois que não vemos porque eliminar esta palavra sagrada, divina e suprema. A razão dispõe o homem e uma boa compreensão, mas modestamente temos como definitivo o nosso ponto de vista.

Meus caros confrades, irmãos perante Deus:

Vimos acompanhando com vivo interesse a luta pela Umbanda, fora de qualquer preocupação profana. A nossa função é unicamente a realização da harmonia superior. Que importa tirar o nome de Espírita das tendas. Desenvolvendo nossos esforços em prol do bom nome do Espiritismo que praticamos, cremos prestar melhor serviço à causa do Mestre e da Umbanda.

Assim sendo, que os queridos irmãos recebam bastantes forças de Deus, de São Jorge, de São Jerônimo e de todos os guias espirituais dos terreiros e das Tendas Espíritas de Umbanda. Salve os Mestres Espirituais.

Fiéis às nossas tradições de fé, elevemos a palavra "Deus".

João Severino Ramos

Umbanda - religião brasileira

Jornal de Umbanda, agosto de 1954, n. 45

A religião de Umbanda é verdadeiramente brasileira.

Querer exigir sua filiação à religião africana no Brasil representada pelas seitas do candomblé, omolocô, jeje, nagô, keto ou qualquer outro ritual de origem banto, angolês, ou de qualquer outra nação africana, seria o mesmo que o cardeal da Igreja Católica pretendesse subordinar a religião de Umbanda ao papa romano.

Sim.

Se os adeptos daqueles rituais africanos pretendem ditar ordens o fazem na ingênua convicção de que os nossos orixás são os mesmos que baixam em seus terreiros,

Também os padres da Igreja Católica estariam na mesma posição, pois nós veneramos muitos dos Santos que foram canonizados pela sua Igreja.

E viriam os muçulmanos fazer exigências no mesmo sentido pelo culto que rendêssemos a seus maiores.

E depois viriam os judeus reclamar primazia em nome de Moisés, de Abraão, de Jeová, sendo que esses teriam de também fazer exigências à Igreja Católica pela "apropriação indébita" de seus patriarcas.

Até os "espíritas" autodenominados kardecistas iriam reclamar pelo preito que rendemos a Kardec, Leon Denis etc.

E seria um nunca acabar...

O mais engraçado é que todas essas religiões pregam o amor universal, a fraternidade, a tolerância e outras coisas mais que traduzem se simplesmente em palavras bonitas, mas inexpressivas.

Mas a verdade é outra completamente diferente.

Sem querermos descobrir a pólvora, sem pretendermos resolver o ovo de Colombo, podemos, entretanto afirmar que além da verdade ser uma, a virtude, o mérito, a perfeição, a graça, são universais e não podem sofrer privilégios sem direitos autorais.

O que existe em tudo é muita ignorância. Frisamos por oportuno que o indivíduo poderá ser alfabetizado e, no entanto estar encastoado na ignorância, mesmo porque sabença é muito diferente de sabedoria.

É, portanto necessário exterminar a ignorância, proporcionando conhecimentos de doutrina, leitura dos evangelhos, e principalmente tentando desenvolver no cérebro dos homens o senso do raciocínio, escoimado do fanatismo e da cegueira que é fruto de muita vaidade incubada.

A propósito vem-nos à memória o conceito que nos foi dado por um velho africano que dizia que o pior cego é o que pensa que vê...

Nessa reeducação da massa é imprescindível que se cultive também o principio da fraternidade e do respeito ao direito de cada um de pensar e cultuar Deus de acordo com sua sensibilidade.

Aos mestres, aos babalaôs, aos sacerdotes de outras religiões ou seitas, queremos afirmar que cuidem de orientar seus adeptos, aqueles sobre os quais tem responsabilidade diretiva e que deixem a Religião de Umbanda em paz, como a Religião de Umbanda também os deixa e só toma conhecimento de sua existência quando se mostra fraterna, quando demonstra respeito e tolerância, quando visita e quando recebe as visitas de membros de outras religiões.

Quanto ao título destas linhas, temos a certeza de que não estamos afirmando nenhuma enormidade.

A Religião de Umbanda tem suas fontes, tanto no cristianismo quanto no africanismo, sofre as inflexões normais de todos os credos religiosos dos elementos que concorrem para a formação da nacionalidade, portanto se a nacionalidade brasileira é uma realidade a despeito das origens de seus componentes, se resulta do caldeamento de raças, por que não reconhecer a realidade do mesmo fenômeno no campo religioso.

Esse sincretismo religioso, bem pensado, nada mais é do que a inflexão que as religiões sofrem por influências locais, pois se o Deus é sempre o mesmo, se a verdade é sempre a mesma, o sincretismo é mais uma apuração de arestas, ou uma conciliação, que bem pode ser levado a conta da evolução natural que tem a religião de sofrer para acompanhar a marcha espiritual do plano, ainda mais que ao Brasil está determinado um papel preponderante nas futuras civilizações, em que forçosamente se terá de incluir também a religião do futuro.

Dentro de tais princípios, achamos que a Religião de Umbanda é a religião brasileira, por enquanto, porque está fadada a ser a religião que envolverá o mundo, dentro das profecias, contando para tanto com sua natureza *sui generis* de religião sem dogmas, orientada por sacerdotes espirituais e construída dentro dos princípios de universalidade que permitam a obtenção do que lhe está determinado.

É por esse conjunto de circunstancias e de elementos que classificamos a Umbanda como Religião Brasileira, mas com um objetivo sublime que transcende da vontade e da própria compreensão humana.

Jayme Madruga

Os mercenários da umbanda

Jornal de Umbanda, outubro de 1954, n. 47

Neste pequeno artigo desejo alertar os umbandistas em geral, para o ato desonesto e infame de certos "compositores" de músicas regionais, que, ultimamente, fazem gravar em discos de várias fábricas os pontos cantados nos terreiros como sendo de sua autoria. Isto, além de constituir apropriação indébita, é ultrajante para a nossa seita. Longe de servir de propaganda, só concorre para desvirtuar o que respeitosamente aceitamos como cânticos de hosana ou a constituição da corrente vibratória, assim como aceitam os católicos e protestantes os cânticos sacros de suas religiões. Roubam as letras – muitas das quais ditadas pelos Guias e Orixás de nossas linhas umbandistas – e transformam-nas em baião, samba, rumba ou coisa parecida, usufruindo lucros fabulosos com aquilo que lhes não pertence.

Mercenários, desonestos, destruidores de rituais (muitos deles, dizem-se mesmo filhos de fé) vivem a explorar a crença de nossos irmãos menos avisados e a desmoralizar a nossa religião.

Até hoje não vimos um "Queremos Deus" ou uma ladainha do mês de maio, nem qualquer hino protestante, nem mesmo salvacionista, transformado em músicas folclóricas, gravadas ao som de arranjos musicais.

Será que não merecemos o mesmo respeito como praticantes de uma religião extremadamente espiritualista?

Cessem, os senhores mercadores da Lei de Umbanda, com a exploração da fé alheia e não abusem de certa ignorância dos nossos irmãos. Procurem meios mais honestos para ganhar a vida! Inspirem-se em outros motivos e não deem prova de pobreza de recursos e de falta de brio, apossando-se de coisas que não lhes pertencem, porque emanam do Alto, dos nossos Caboclos, dos nossos Pretos Velhos e de nossos Chefes Espirituais.

Aos nossos irmãos, praticantes da Umbanda, alerto contra esta manobra soez dos falsos espíritas, no sentido de não se deixarem empolgar pelo que ouvem em rádios e vitrolas e condenem tais gravações, boicotando a venda desses discos, como repúdio à má fé desses traficantes.

Só assim os aventureiros não teriam outra saída para os seus problemas de falta de inspiração e teriam de ir vender quinquilharias, ao invés de se apossarem dos nossos "pontos" para viverem fartamente, rindo-se da nossa complacência e da boa fé de muitos irmãos incautos.

Fora os mercenários do Templo!

Sarava Umbanda!

R. Almeida

Os nossos erros

Jornal de Umbanda, agosto de 1955, n. 57

Já escrevemos há tempos, não muito distante, em "A Voz Cristã", no jornal dirigido pelo confrade Brandão da Rocha e jornalista, Dr. João Neder, "A Vanguarda", quando analisávamos o que escreveu sobre Francisco de Assis, a escritora Sofia Zakof, de que, deturpando a CARIDADE, caridade praticada e ensinada pelo MESTRE do amor e da humildade, que em alguns pontos estamos, nós, os UMBANDISTAS, confundidos com católicos e alguns espíritas, isto é, quanto a pomposidade de nossas obras materiais, dando-lhes maior importância que aos reais objetivos do CULTO que dizemos professar e pelo qual tentamos lutar, isto porque, toda a ostentação de luxo, entre nós, contraria os mais comezinhos princípios doutrinários, pois, UMBANDA, em nosso entender, quer dizer: CARIDADE, AMOR, HUMILDADE...

Ademais, o perigo maior está em que, já o escrevemos, e nisto copiamos o Pregador ECLESIASTES, o qual nos ensina que devemos fazer obras que agradem a DEUS, NOSSO SENHOR, o que foi repetido pelo venerável e Meigo Mestre da Galileia, sim, façamos obras que o ladrão não roube nem a traça possa roer e nós acrescentamos, que as obras materiais – muitas suntuosas – podem, quando muito, aguçar a cobiça dos homens, mas, jamais agradar o nosso DEUS, Zambi: ademais , tais obras, nos trazem preocupações tantas, que olvidamos os princípios pelos quais lutamos, quais sejam, o da DIFUSÃO, cada vez maior, seja pela prática da CARIDADE (sem mercantilismos ou ostentação), sejam através das tribunas, em nossas TENDAS, seja pelo jornal ou pelo rádio, mas tal não acontece, pois temos visitado TENDAS ou Centros, onde, se existe o luxo e ostentação de riqueza, produto da arrecadação de tostões humildes, o nosso balcão; quanto a livros, nada se lê; pregação, um fracasso, pois muitos dos pregadores não saem, nem por eles.

Em mais de cinco anos percorrendo Centros e Tendas só vimos e ouvimos de um confrade, comentário em torno de assuntos comezinhos do CULTO ou medo de perder as ovelhas? E nós perguntamos: estamos ou não imitando outros cultos, onde apenas moureja o desejo do luxo, a ostentação da riqueza acumulada de tostão em tostão e onde a Bíblia e os Evangelhos, se não são explicadas, muito menos exemplificados.

Felizmente ainda não fazemos uma coisa em UMBANDA, são os orfanatos, os quais, segundo os mais elementares preceitos de pedagogia, deviam estar fechados, pois mais se parecem com presídios que com abrigos e centros de educação da infância desvalida. Que importa se as crianças não recebem um preparo suficiente para enfrentarem a vida quando forem libertadas? O importante é que "dirigimos" (o autor deste artigo não dirige nenhuma nem pretende fundar, pois acredita que em matéria de educação ou fazemos uma coisa certa, humana e cristã ou, então se exija que o Estado cumpra o seu dever), sim, o importante é que "dirigimos" uma Obra, "somos caridosos", "somos bonzinhos".

Outro perigo decorrente de nosso desejo de construir grandes e suntuosos TEMPLOS é o atrelamento aos políticos: a eles nos escravizamos e, depois, mendigamos pelos corredores das repartições da Prefeitura uma subvençãozinha de Cr$ 20.000,00 ou até mesmo Cr$ 5.000,00, quando gastamos, às vezes a importância que o politico nos ofereceu por sinal, um dinheiro que não é dele, mas sim, do POVO; e, enquanto que aos umbandistas, somente depois de espezinhados por certos vereadores, oferecem ninharias dão a outros grupos religiosos – CATÓLICOS – verdadeiras fortunas.

Meus prezados irmãos, nesta oportunidade estamos apenas alertando para que não incorramos em erro de atrelarmos à corrompida máquina do Estado as nossas livres TENDAS, nem o nosso muito livre CULTO; continuemos livres, assistindo a esse povo bom e generoso, que sabe atender-nos nas horas difíceis mas que nos fiscaliza, que nos observa.

Trabalharemos pela UMBANDA. Há muita coisa que fazer no campo doutrinário, pois, ainda vivemos, na maioria das Tendas e Centros de UMBANDA com doutrina emprestada. Há lugares onde o que existe, em verdade, é uma UMBANDA ECLÉTICA, ou melhor, ECLETISMO, e isto jamais foi UMBANDA. Estudemos e constaremos o erro. Esses e outros são os nossos erros.

Saravá!

Celso Rosa

União Espiritista de Umbanda visita a Tenda de Umbanda Oriental

Muito tempo de antes de se transferir para Itacuruçá, a Tenda de Umbanda Oriental, de W. W. da Matta e Silva funcionou na Rua Capitu, 1191, no bairro da Pavuna.

Membros da União Espiritista de Umbanda, principal órgão federativo de Umbanda na época, tinham o hábito de visitar periodicamente as tendas filiadas. Uma nota publicada no número 48 do *Jornal de Umbanda*, dezembro de 1954, relata a visita à T.U.O.

No dia 13 de novembro último, cumprindo seu programa de visitas às Tendas de Umbanda, esteve o Presidente da União compondo uma comitiva de oito pessoas em visita a essa filiada, tendo assistido à abertura dos trabalhos e a maior parte de seu transcurso.

Recebidos carinhosamente pelo seu presidente e diretor de trabalhos, nosso colaborador W. W. da Matta e Silva, o nosso diretor teve oportunidade de produzir profunda tese sobre o momento espiritual e dizer da boa impressão que levava da harmonia dos trabalhos, disciplina e ambiência.

O periódico *A Luta Democrática* de 07 de maio de 1961, n. 2224, anunciava:

Tenda Estrela do Mar – Rua Barão do Serro Largo, 11, Irajá, na próxima quarta-feira, receberá a visita do confrade Matta e Silva. Convite geral. Inicio às 20 horas.

Matta e Silva interpretou, de forma inteligente, alguns temas que sempre foram levados "ao pé da letra", como a criação do ser humano. Vejamos algumas palavras a respeito:

Assim quando Moisés ensinou: "Criou Deus, pois, o Homem à sua imagem, à imagem de Deus o criou; o homem e mulher os criou", velou o sentido oculto e correto que seria como é na chave de interpretação do Arcano: "E Deus-Pai plasmou a Sua ideação, na substância natural, criando o Arquétipo, como forma etérica e a sua continuidade para o Protótipo das formas astrais densas".

O resto foi trabalho subsequente das Hierarquias para o tipo humano. Em suma: criou à imagem e semelhança do que ideou, e não Dele – Deus, sendo imaterial, insubstancial, não plasmou a "sua forma" para ser copiada.

Umbanda - religião universal

Jornal de Umbanda, novembro de 1955, n. 60

A religião de Umbanda tem o direito de se denominar "universal", não porque seus ritos sejam praticados pelos habitantes dos demais planetas de nosso sistema e em todos os mundos habitados do universo imensurável, mas porque está entrosada nos princípios do amor universal e seu ritmo se afina com o da evolução do planeta Terra.

É fora de dúvida que, em cada mundo habitado, os seus habitantes de categoria equivalente ao homem do orbe terrestre, tenham conformação física e mental diferentes uns dos outros de acordo com o *habitat* respectivo e também graus de evolução à altura da posição evolucional de cada astro, pois no dia em que o nosso ascender a um grau superior o homem para habitá-lo tem de estar em harmonia evolucional.

É dentro dessa base que reconhecemos estarem os "tempos chegados" e endossamos as profecias que falam em uma grande alteração no globo terráqueo, na qual só permanecerão aqueles que estejam à altura dessa transformação, isto é, aqueles que alcançaram o mínimo de progresso espiritual estabelecido dentro da lei universal para os futuros habitantes da Terra.

Logicamente, os demais espíritos terão de ser levados para outro mundo que ocupe ou venha a ocupar a posição evolucional equivalente a que é ocupada pelo nosso planeta.

Naturalmente, para que esses espíritos que se retardaram, isso sem constituir uma punição, porque Deus não castiga, significará uma grande perda posicional, um atraso evolucional, pois esse outro planeta terá de passar por um grande ciclo para levar seus habitantes à ascensão que agora está marcada para a Terra.

Cônscios dessas minúcias e de sua tremenda responsabilidade os Mentores Espirituais, a que estão entregues os destinos de nosso Planeta, vem envidando todos os esforços no sentido de vencer o caos que envolve a maioria dos homens.

Para tanto baixaram ordens para disseminar, entre o maior numero de seres humanos, conhecimentos até então esotéricos, o que é uma cartada muito séria que só poderia ser jogada em desespero de causa, isto é, como remédio heroico em tentativa de salvação de um doente desenganado.

Dentro dessas ordens era determinada a organização da Religião que pudesse ser aparelhada para acompanhar esse ritmo acelerado que era mister imprimir ao movimento espiritual do plano.

O Brasil foi naturalmente o local escolhido para o lançamento inicial dessa religião e o nome ficou determinado pelo sentido subjetivo da unidade e da divindade e objetivo da simplicidade e do amor universal.

As instruções respectivas vêm sendo trazidas a medida que seus componentes se aparelham para recebê-las, através da mediunidade e na proporção dos esforços que esses instrumentos empreguem em se aperfeiçoar intelectual, moral e espiritualmente.

Muito há que ser escoimado no campo de crendices e de influências de outras religiões, muito há que ser distorcido e desembaraçado, muito há que ser destorcido e desembaraçado, muito há que se lutar para que o diamante seja por fim lapidado e brilho sem jaça, puro e cristalino.

Algo já está feito, mas muito mais está ainda por chegar. O tempo é curto e não é possível perder nenhuma oportunidade, pelo que podemos afirmar sem medo de errar que bem proximamente serão conhecidas instruções e proporcionados conhecimentos que aparentemente poderão fazer pensar em verdadeira revolução, mas que se destinam à aparelhar a Religião de forma a ser alcançada e máximo de rendimento evolucional.

Estão, portanto, os médiuns de Umbanda sob o encargo da tremenda responsabilidade, de que naturalmente se lhe tomarão contas.

Que, portanto, cada um se compenetre de sua missão, que se escusem de perder tempo em tertúlias inoperantes, que todos ouçam com atenção e sem espírito preconcebido, procurando de todas as formas aprender a verdade ao invés de tentar por pura vaidade retardar a marcha triunfal do progresso do planeta.

À hora não é de fincar pé em pontos de vista pessoais; o momento é de realização e de boa vontade.

Jayme Madruga

Revista Kósmica

A Revista ***Kósmica*** publicava matérias sobre Umbanda e Espiritualidade. É raro encontrar exemplares desse periódico. Conseguimos os números 2 (O terreiro e cultos espiritualistas) e 3 (O terreiro na Umbanda e Quimbanda), de dezembro de 1956 e janeiro de 1957. Reproduzimos, a seguir, algumas matérias desses números da Revista.

Figura 6: Vovó Maria da Serra. Arte: Irina Fox. Fonte: ***Revista Kósmica***, janeiro de 1957, n. 3

Quimbanda

Revista *Kósmica*, dezembro de 1956, n. 2

Ao abordarmos o polo oposto do Umbandismo, ou seja a QUIMBANDA, desejamos apenas, a título de ilustração para nossos leitores, situar sua prática no justo lugar que lhe cabe no campo do Espiritismo, qual seja aquele que é mais conhecido por "Magia Negra".

Trata-se de uma prática religiosa de mescla afro-brasileira, importada e entre nós aceita pelos negros. Em sua essência e quase que idêntica ao que se cultua na UMBANDA, pois como se sabe esta surgiu daquela.

Suas atividades e rituais muito se assemelham a Umbanda, sendo todos o seus protetores e guias, suas lendas e ritual (em parte) muito aproximados dos praticados pelos adeptos do Umbandismo, desde que suas finalidades tendem para um mesmo caminho religioso.

Mantendo suas antigas tradições, a Quimbanda ainda se acha apegada às práticas e rituais africanos, o que não se verifica na Umbanda, em consequência da influência do homem branco, mais refinado em seus costumes de civilizado.[1]

A Quimbanda teve suas origens no Brasil durante o período da escravatura, sendo a maioria de seus praticantes, arrancados do continente africano para o nosso meio, trazendo cada um deles no coração e na alma, o ódio e o rancor contra seus opressores brancos, entregando-se à "Magia Negra" mais por vingança do que propriamente por motivo religioso. Con-

1 Verificamos aqui um preconceito muito comum naquela época (nota do autor).

tudo, entre os negros escravos havia aqueles que se entregavam a seus cânticos, à sua prática de "Magia Negra", com um único objetivo: esquecer as torturas e recordar nas horas de repouso, que eram poucas, os longínquos rincões de sua terra natal, de onde foram trazidos, a força, pelo colonizador português, nos famigerados "navios negreiros" que inspiraram a musa do poeta nacionalista e revolucionário, Castro Alves.

De mistura com o nosso índio, o negro africano facilmente assimilou os conhecimentos de feitiçaria do silvícola e, aliando tais conhecimentos aos que trouxe da África, introduziu na Quimbanda práticas até então desconhecidas, mantendo até hoje, em seus rituais, cânticos e pontos riscados, daquilo que aprenderam do índio, fielmente representado pelos Caboclos, sempre presentes, quer na Quimbanda, quer na Umbanda.

Extinta a escravatura no Brasil, teve o negro mais liberdade para dar vazão a seus sentimentos religiosos, e a Quimbanda tomou novos rumos, expandiu-se, deixando de ser praticada às ocultas nos Quilombos, nas Senzalas, para vir à luz do dia nos Terreiros de suas próprias residências, ou em lugares alugados para os jornais e publicações especializadas.

Mal compreendidos por alguns e incentivados por outros, as circunstancias levaram os Quimbandistas a moderar suas práticas, a introduzir novos processos em suas sempre ruidosas reuniões, mas sempre fieis à herança herdada de seus antepassados africanos, conferindo assim a QUIMBANDA uma moldura original nos costumes populares de nossa gente e uma atração sempre constante para o forasteiro que nos visita, principalmente aos que procuram motivos de folclore nas terras por eles percorridas.

Aceita e praticada pelo negro, como já foi dito, a Quimbanda é hoje em dia também praticada pelos brancos, participando dos mesmos Terreiros e aceitando as suas Leis sem preconceitos e despidos de toda e qualquer animosidade racial, assimilando-se ao meio com a mesma facilidade com que aceitariam uma posição social que lhes fosse antagônica.

O principal culto na Quimbanda é reservado a Nagô, seguindo-se outros mais, como sejam o Banto, Banto-Ameríndio etc.

Obedecendo à uma escala hierárquica, temos os Pais de

Santo, também conhecidos como Babalaôs e Babalorixás, que para os Quimbandistas são considerados como "Chefes de Rebanho" ou "Príncipes de Umbanda" ou Chefes de Terreiro.

O elemento feminino participa, ativamente, das reuniões nos Terreiros da Quimbanda, sendo algumas delas destacadas como Mães de Santo, depois de se submeterem a um período bastante longo de iniciação, sem o que não poderão chefiar terreiros.

O batuque é indispensável em um terreiro de Quimbanda, sendo o mesmo obrigatório nos rituais em que se pratica, constituindo essa modalidade uma faceta inconfundível que comprova a sua origem e lhe confere um peculiar colorido.

As sessões nos terreiros apresentam sempre um aspecto festivo, sendo muito comum o uso de bebidas (marafos) e comidas adrede preparadas para tal fim, iguarias essas de que participam também os guias espirituais, para os quais são originalmente destinadas, como oferendas dos filhos de fé que a eles recorrem.

No decorrer dos trabalhos em um Terreiro de Quimbanda, os Cambonos ou Cambones, ajudam os Pais de Santo em suas tarefas, defumando o ambiente ou transmitindo as ordens ou conselhos dados pelos Orixás, bem como interpretando para os circunstantes palavras ou expressões que por acaso não venham a ser compreendidas devidamente.

Entre os Cambonos veem-se homens e mulheres, todos os dias entregues aos mesmos misteres, qual seja o de assistir aos crentes que se achem presentes às reuniões.

As mulheres que auxiliam os Pais de Santo em suas tarefas, como sejam a organização das danças e ofertas aos Exus, são denominadas Gibonans ou Pequenas Mães, e todos aqueles que participam de uma "corrente" são denominados Filhos de Fé, sendo considerados Filhos de Santo, se forem homens e Filhas de Santo se forem mulheres.

Os médiuns são chamados "aparelhos" ou "cavalos", que são as pessoas capacitadas espiritualmente de receber os "Orixás de Umbanda" [2] interpretando lhes as mensagens, através da audição ou da incorporação, ou mesmo da vidência, funções

2 Nota-se aqui certa confusão pois na Umbanda e na Quimbanda incorporam-se as Entidades Espirituais e não os Orixás (nota do autor).

mediúnicas conferidas ou adquiridas pelos iniciados.

O uso de colares e outros enfeites em que predominam cores berrantes, são muito comuns entre os adeptos dos Terreiros de Quimbanda, não faltando nos apetrechos rituais os búzios, bolas de cristal e outros tabus originários das mais diferentes raças, quais sejam: a negra, a índia e a oriental.

Nenhum Preto Velho de Angola ou de Guiné que se manifeste em seu cavalo deixará de usar o seu"pito"(cachimbo), bem como a sua marafa, para melhor poderem atenderem aos apelos dos que necessitam de sua sempre reclamada proteção, que o fazem prazerosamente em todos os seus trabalhos espirituais.

Quer na Quimbanda, quer na Umbanda, são cultuados vários Santos da Igreja Católica, emprestando-se a esses espíritos iluminados grandes poderes na solução de problemas terrenos, destacando-se desses Santos o guerreiro São Jorge, festejado em todo o Brasil a 23 de abril de cada ano, com invulgar pompa, quer litúrgica, que de cunho apenas popular, em todos os templos em que o mesmo é venerado.

Chamam-se esses Santos de Orixás Maiores, sendo denominados de Pegis seus santuários ou altares, em que são depositados os fetiches de barro e oferendas dos Filhos de Santo.

As Entidades que presidem os Quimbandistas são denominadas a saber.

INHAÇÃ ou IANSÃ – Deusa da chuva e da tempestade, que determina a vingança.

NANÃ ou NAMBURUCU – Deusa da chuva, que protege as plantações.

OXUMARÉ – Deusa do arco íris.

IFÁ – Deusa dos rios e da água fresca.

IBEJI ou NABEIJADA – Gêmeos, protetores das crianças.

IROCO – Deusa das matas e das cachoeiras.

EXU – Deus do mal – Rei das Trevas.

A Quimbanda é conhecida também com a denominação de Macumba ou Candomblé, sendo o Estado da Bahia, o seu maior Terreiro.

João da Goméia

Revista *Kósmica*, janeiro de 1957, n. 3

Orlandino Pimentel suicidou-se em 1949, conforme está registrado nos dois primeiros volumes. Esta matéria de João de Freitas data de 1948.

A notícia da chegada à esta capital do grande Babalaô baiano ocupou a primeira página de *O Meio Dia*. As fotografias de Joãozinho da Goméia, com seu cartel lançado aos brios dos intérpretes do africanismo na capital da República, produziram uma sensação atômica.

O autor do furo jornalístico se jactanciava do feito e, alardeando méritos, ungia-se com o óleo perfumado do cabotinismo.

"Um autêntico Babalaô da terra do Senhor do Bonfim em visita à cidade de São Sebastião". Será recebido dentro do mais rigoroso ritual nagô pelo seu confrade Orlandino Pimentel, o grande Embanda João da Goméia. O terreiro do Cobra Coral se engalana para a grande recepção ao maior dos feiticeiros etc.

Canuto Silva, o ***primus-inter-pares***[1] da reportagem policial, assediado pelos colegas, dava entrevistas, distribuía convites ao mundo oficial, fazia ***meetings*** nos cafés como verdadeiro camelô... Nas águas do dinâmico repórter, porém, os ***focas***,[2] sacola à destra, catavam as sobras na ânsia de notoriedade. Nin-

1 ***O primeiro entre iguais.*** A frase indica que uma pessoa tem maior dignidade (ou experiência) entre outros do mesmo nível ou ofício.
2 Principiantes no jornalismo.

guém, entretanto, o empanava no brilho das reportagens que o levaram ao apogeu!

Acompanhando silencioso o desenrolar dos acontecimentos, através o relampejar soberbo daquelas reportagens, o delegado auxiliar arquitetava um plano sinistro para avançar naquela presa que, ingênua, se entregava aos azares do noticiário...

Na sala de imprensa do Departamento Federal de Segurança Pública fervilhavam os apodos[3] entre risadinhas de deboche e levianas acusações. Na opinião da maioria o Rio de Janeiro era o paraíso dos macumbeiros. Com o "Timoschenko" à frente do grande aparelho policial e o beneplácito do regime de opressão seriam recambiados, para as suas tabas ou malocas, todos os pajés, caciques ou babalaôs que ousassem transpor as fronteiras do Distrito Federal.

Joãozinho da Goméia era o Manso cordeiro desafiando a gula dos lobos esfaimados...

* * *

Belfort, a estaçãozinha tranquila da Linha Auxiliar nesse dia, tomara ares de grandeza. Os vagões despejavam gente de todos os matizes. Predominavam, naturalmente, forasteiros. Gente que, atraída pelo reclame, tentava uma penetração no terreiro do Cobra Coral. Os automóveis, refletores acesos, entre curvas fechadas, descidas bruscas e íngremes subidas, davam-nos a impressão de uma dança macabra de gigantescos pirilampos. É que Belfort em noites sem lua, é como a alma de certas criaturas...

A treva causa horror, mas o clarão seduz, afirma o poeta, entretanto, há quem prefira viver às escuras porque a luz incandescente do saber alheio lhe ofusca o brilho do talento falso.

* * *

Desta vez viajei sozinho. Nas águas dos veículos muita gente fazia o mesmo trajeto receoso de algum atentado à mão armada. E das duas picadas que se me apresentaram em frente

---

3 Carente de patas.

a estação, escolhi a que me fora indicada pelo guarda-chaves.

Do terreiro do Cobra Coral em surdos lamentos, os atabaques imploravam do Céu a proteção de Xangô, Os agogôs, instrumentos metálicos usados pelos nagôs, estridulavam sem cessar. A curimba no terreiro de Orlandino Pimentel é respeitada pela variedade dos instrumentos e seleção no corpo dos ogans.

De minuto a minuto girandolas e foguetes iluminavam os céus de Belfort.

Quando apresentei as minhas credenciais ao porteiro e fui recebido com os "ff" e "rr" protocolares, ouvi a multidão do sereno, sussurros e lamentações. Havia, de fato, muita "roxura" na porta.

– Gente da "alta" é mato... – respondeu-me o porteiro. Nestas horas todo mundo é do "peito". Diretores do DIP e oficiais do Exército, representantes de jornais estrangeiros, Agencia Havas, United Press se confundem em gentilezas com os diplomatas...

– Algum incidente?

– Apenas um "tira" me ameaçou porque o barrei.

– Essa gente tem picardia. Cuidado com a falseta, – obtemperou um mulatinho de cabelos esticados que fora contrariado no mesmo desejo.

Tenho muita fé no "maior"! – redarguiu o velho encarregado da porteira. E insistiu: para que vale esse ponto de segurança que tá aí?

– Diz-me uma coisa, velhinho, o João da Goméia é mesmo o tal ou isso é cartaz?

– É no duro! – responde. O Orlandino não topa visagens. Ele não é palhaço...

– Não se zangue com a pergunta. Ela tem fundamento.

– Compreendo. Aqui tem vindo muitos cartazes fraquíssimos. Quem não for bamba é logo desmascarado...

– Por isso...

– "Papa" não adianta! Tem que decidir direitinho, se não vai ter!

* * *

O terreiro do Cobra Coral é amplo e arejado.

A sua construção obedeceu à técnica que o ritual exige. Situado na parte mais alta de Belfort e todo circundado de laranjeiras torna-se poético e enigmático o luxuriante perfume que emana das simbólicas poligonáceas. É profundamente envolvente essa vibração tonificante que a natureza esparge como um preludio sinfônico. Lá, ao que parece, a adoração começa pelo perfume dos laranjais em flor...

Ao fundo do terreiro, solidamente construídos, há o estádio dos Orixás maiores e o indispensável otá dos Exus.

A direita da camarinha há uma enorme talha de barro (igaçaba) com o saboroso aluá para saciar a sede dos convidados e filhos de fé.

É impecável a organização do terreiro de Orlandino Pimentel. Autêntica hierarquia impera na gira de Cobra Coral. Desde a mais humilde das sambas ao mais graduado cambono refulge o brilho do respeito mútuo.

Dionísio, o cambono especial do Orlandino Pimentel, cruzado em todas as linhas e coroado pelo Orixá maior, na singeleza de suas palavras e na reveladora humildade que a seita impõe, é o introdutor diplomático do terreiro...

Rollas, o cambono número 1, também cruzado e coroado, afável, mantem com a maior urbanidade, o respeito que se faz preciso entre os assistentes.

* * *

Sentado na sua cadeira de encosto alto, com os pés descalços e pousados em uma almofada de cetim amarelo com bordados vermelhos, Orlandino Pimentel supervisiona os trabalhos através dos pontos cantados.

No momento em que me aproximava do terreiro era entoado o ponto de Cobra Coral. A curimba composta de oito elementos dominava toda Belfort pelo eco que trovejava. Às vezes repercutiam longe. Soprano e tenor, contralto e baixo, constituindo o *quator* vocal, ali estavam em impressionante revelação artística.

O tenente Benjamin, todo paramentado, com o cocar de

penas brancas, dançando o curimã, cantava:

Cobra Coral diz
Que a sua banda é maior
E nós dizemos
Que a sua banda é melhor!
Cobra coral, eh
A sua banda é de fé!
Gira me pomo, eh!
E viva a fé de Guiné!

Súbito é anunciado Joãozinho da Goméia. Há um frenesi na assistência e, imperturbável, Orlandino Pimentel ordena que se proceda a recepção ao grande embanda baiano.

A postos todos os fotógrafos da Agência Nacional, Diários Associados, United Press etc. Canuto da Silva toma a dianteira dos representantes da imprensa para lhes dar informes sobre o ritual e traduzir, para o vernáculo, o complicado linguajar usado nos terreiros.

Ribombam nos céus os morteiros e foguetões. Estalejam fogos de variados tipos e a curimba geme em surdas descargas. As palmas, estrepitosas, são acompanhadas dos gritos característicos das sambas e dos cambonos nos momentos de alegria.

A passos lentos, empunhando a bandeja, a samba com a cabeça pendida caminha secundada por dois cambonos. A seguir quatro sambas sustentam o rico pálio de seda vermelho, guarnecido de custosas rendas e bordados em relevo, tal como é usado nas procissões.

Silencia a curimba. A samba se ajoelha e levanta a bandeja para o ilustre visitante. Joãozinho da Goméia acende as velas na porteira, ajoelha-se, faz o sinal da cruz e saúda todos os Orixás servindo-se do sal, das pembas e das bebidas usadas no ritual.

Protegido pelo pálio, o notável Embanda atravessa o terreiro e vai ao encontro de Orlandino Pimentel que o aguarda de pé junto de sua poltrona de babalaô.

Após a troca de cumprimentos abraçam-se os dois grandes chefes sob o clangoroso vozerio da assistência. Orlandino Pimentel faz entrega de um rico mimo oferecido pela sua Tenda e o presidente em eloquente improviso, dá-lhe as boas vindas.

O sargento Torres, tio de João da Goméia, agradece a oferenda e traça o perfil do visitante ressaltando-lhe os méritos dentro da seita que abraçara. Discorre sobre os usos e costumes da raça negra no rincão baiano e a sua influência na formação espiritual do povo na base da humildade. A seguir devassa todo o Panteão africano bem como as begônias angolesa, nagô, banto e vodu.

Três caixas de champanha foram abertas no centro do terreiro e ninguém deixou de saborear esse delicioso néctar.

* * *

Os representantes dos periódicos platinos rodeiam, cá fora, os jornalistas brasileiros, fisgando-os com perguntas estapafúrdias.

Silvestre Maia dá explicações a Julio Caramañana de *La Nacion* de Buenos Aires. Quintanilha, o grande repórter do *Diário Carioca*, usa da mimica para se explicar melhor junto aos colegas do *New Herald Time*. Canuto Silva, porém, astuto, desenvencilha-se com habilidade jogando os gringos para cima de Everaldo Lopes!

Dionísio, o cambono especial de Orlandino Pimentel, não abandona os rapazes da imprensa assistindo-os de modo satisfatório. De quando em vez a cacimba ou coité os surpreende com o velho Porto ou com a marafa pura de Angra.

Quintanilha. Embora de constituição franzina, já meio "alto" deu de se apaixonar por uma samba de 18 quilates, isto é de uma mulata, alta, cheia de corpo, de cabelos ondulados e olhos verdes!

–Vai se dar a melodia! – exclamou Canuto Silva – A mulata é do major e o Quintanilha já está muito "alto". Isto aqui não é o que ele está pensando.

Apesar de tudo, agarrado a uma laranjeira, Quintanilha declamou o soneto "Ilusão" de sua lavra.

Cajati, cronista de *O Meio Dia*, pressuroso acorre ao local com uma caneca de café e tenta levar aos lábios do poeta. Este recusa e, com os olhos engelhados, esboça um sorriso de desdém pela irreverência balbuciando:

– ***Simília... similibus... curantur.***[4] Traga aquela coisa... menos amarga... menos doce... a que vocês chamam marafa!

Edmar Morel segreda ao ouvido do fotógrafo de *O Cruzeiro* e ambos se encaminham para o vestiário. É que o engenhoso estilista espera os lances mais espetaculares para ilustrar as suas reportagens.

Com efeito, naquele instante, todo paramentado e acompanhado de sua samba, deixava o vestiário o notável alufá dirigindo-se para o terreiro.

As sete sambas que vieram da Goméia, com as suas nunangas brancas e guarnecimento de rendas e babados de *crochet*, manejando com incrível rapidez o famoso agogô, cantavam, em altíssonas notas, este ponto:

Eh, eh, eh, eh.
Eh, eh, eh, eh!
De aruana eh!

E Joãozinho da Goméia pisa o terreiro sob frenéticos aplausos. Rodopia nos calcanhares, sacode o corpo, meneia a cabeça e dá formidável salto para cair, junto à curimba, com os braços inteiramente abertos e um dos joelhos pousado ao chão.

A indumentária do grande alufá baiano despertou nos assistentes singular curiosidade pela riqueza e variedade de seus atributos. Do capacete, de ouro autêntico, três plumas brancas punham em relevo o penacho vermelho que é a cor simbólica de Unlaiô. Uma pequena capa, em cetim laquê vermelho, ornava-lhe o ombro e, a tiracolo, pendia uma pequena seteira com algumas setas de prata e ouro que rutilavam com extraordinário fulgor.

O saiote, a que os nagôs chamam "saieta", em lamê prateado, realçava-se de modo extraordinário, porque a calçola de renda e *crochet* até os tornozelos (espécie de ceroulas de malha) estava colada à epiderme bronzeada do notável feiticeiro.

Parecia um príncipe ou um ***Ras***[5] etíope em dia de grande gala!

Muito elegante, trazendo à mão direita o clássico opá (es-

4 Semelhante cura semelhante.
5 Chefe (nota do autor).

pécie de espanador feito com palha da costa e búzios), Joãozinho da Goméia levantou com a mão esquerda a lança (idá) e colocou-a aos pés de Orlandino Pimentel como suprema homenagem de um visitante em terras alheias.

O babalaô carioca esfuzia-se na satisfação e exclama:

– Em nome de todos os orixás o terreiro é vosso.

* * *

Retinindo, em agudíssimos sons, os atabaques acompanhavam as danças das estrelas que tremeluziam no Céu. Os astros, base das ciências ocultas, em perfeita harmonia com os interpretes de suas poderosas forças, derramavam fluidos vivificando sobre aqueles sacerdotes da mais antiga das religiões.

Alheios à realidade da vida, como sonhadores ou fantasistas na mais elevada das aspirações, todo os circunstantes se deleitavam com aquele paradisíaco espetáculo!

E João da Goméia, na impecabilidade de seu bailado evoca Oxum para saudar Oxóssi. E canta:

Uá, uá, ninsó
Delekô comapá querá
Uá, Uá, ninsó
Delekô comapá querá

O auê arekê, orokê
Uá, Uá, ninsó
Delekô comapá querá

Após a descida de Oxum, a deusa do Rio Negro, vem, sob os acordes da curimba, Oxóssi, o deus das matas, neste magnifico ponto:

Odé comorodé
Odé comorodé
Oxe, arerê
Odé comorodé
Odé, comorodé, onirê

Nesses instantes, os *flash-light* da United, da Havas e diários Associados, não paravam. Assestavam os rapazes as suas máquinas para os alternados saltos do bailado sacro. Comprimia-se a assistência. Fremia, prenhe de orgulho, a falange baiana que o acompanhara!

O mestre de coreografia do Teatro Municipal quedou-se perplexo...

João de Freitas

O culto dos orixás na religião de umbanda

Revista *Kósmica*, janeiro de 1957, n. 3

Que a Umbanda é uma das mais lindas escolas filosóficas e religiosas, disto não há dúvida. Também de sua profundidade filosófica se não põe dúvida, isto é óbvio, a quem se dispuser estuda-la e, destarte, penetrar-lhe nos sagrados mistérios.

Ouvimos há dias o emérito escritor Cícero dos Santos, quando realizava mais uma de suas brilhantes conferências quando então ele, um dos mais eruditos pesquisadores da Religião de Umbanda, conduziu-nos a todos à Umbanda hermética, essa Umbanda desconhecida do vulgo, dos tolos, dos gazeteiros, portanto.

Há muita coisa escrita sobre e em torno da Religião de Umbanda (este tratamento – Religião de Umbanda – foi iniciado no Brasil pelo mensário evangélico: *A Voz Cristã*); não passando tais escritos, uns, de simples ensaios; outros, de devaneios e outros de especulação econômica.

Toda essa confusão literária resulta da formação filosófica ou religiosa antecedentes dos seus escritores, posto que, uns de origem católica; outros de origem evangélica (protestantes etc.) outros, maioria, espíritas e ainda os que apenas tiveram "boa vontade" mas não dispunham do necessário conhecimento literário e doutrinário, por isso, para produzirem suas obras literárias (sic) lançaram mão do material que se encontra por aí por toda a parte, portanto, de qualidade duvidosa, visto que, não científica.

Religiosamente não podemos dizer que a Religião de Umbanda possua uma obra básica, como soe acontecer com as demais comunidades religiosas, que lhe sirva de orientação ritualística e litúrgica, continuando, a nossa Umbanda, a ser um vasto laboratório de experiências.

O que temos de melhor sob o ponto de vista literário é de origem científica, são trabalhos de etnólogos, sociólogos, antropólogos etc., isto é, de Max Muller, Frazer, A. Ellis, Artur Ramos, Pierre Verger e tantos outros, e em cujos trabalhos – após honesto estudo e meditação – concluiremos ser a Religião de Umbanda uma das mais antigas Escolas religiosas que o mundo tem notícia; misto de ciência (magia), filosofia e religião; onde sentimos existir o Esotérico, o oculto e o Exotérico, aquilo que o vulgo assiste por aí e que os gazeteiros atestam como sendo a sublime Religião dos Orixás de nossos ancestrais yorubanos e, por isso, chamam de Umbanda (candomblés, pajelança, omolocô etc.).

Afora os etnólogos, antropólogos ou sociólogos como Roger Bastide, Donald Pierson; no Brasil, os sociólogos brasileiros tem escrúpulos (!) em tratar o assunto religioso, que para muitos, nada tem de sociológico – ó santa burrice; ainda que muitos "sociólogos" compareçam às Igrejas – com santos – ou aos "terreiros" também com "santos" e por isso nada escrevem sobre Religião, salvo dois trabalhos de que tomamos conhecimento, do Professor Thales de Azevedo, da Bahia, intitulado *Catolicismo no Brasil*; e do Professor Nicola Boer, *Introdução à Sociologia Religiosa*, afora, como escrevemos, esses autores mencionados, citemos José Alves Pessoa, Paulo Gomes de Oliveira, Cícero dos Santos, Luiz Bethiol; os demais que produziram alguma coisa de menção; pois não são obras de cunho científico; seus trabalhos podem ser e o são, obras expositivas, simplesmente, o que não lhes tira o mérito, o valor literário portanto.

Citemos: João de Freitas, Lourenço Braga, Yokaanan, Zespo etc. E por que assim? *O que se aumenta em ciência, acrescenta em trabalho* (Eclesiastes 1:18); ademais o assunto, em si mesmo, não constitui novidade, pois David em sua oração disse: *Filhos dos homens, até quando convertereis a minha glória em infâmia?; Até quando amareis a vaidade e buscareis a mentira?* (Salmo 4:2); E lá está na Gênesis (6:5): *E viu o Se-*

nhor que a maldade do homem se multiplicara sobre a terra e que toda a imaginação dos pensamentos do seu coração era só má continuamente.

Os Orixás, base da Religião de Umbanda, não são cultuados na maioria dos Templos de Umbanda, posto que foram substituídos por "Mestres" ou "Caboclos";[1] e em alguns onde se fala nos Orixás, confundem-se com espíritos e os responsáveis por tal situação, em grande parte, são os escritores improvisados. Ouve-se, aqui ou acolá, os "babalaôs" ou "babás" dizerem – fulano recebeu o "orixá" (sic); resultando daí que toda a moreninha mais ou menos simpática, por força dos fatos, "recebe um orixá", decorrendo disto uma profanação sem precedente da Religião de Umbanda.

Decelso

1 Respeitamos os Mestres, mas não os confundimos com Orixás.

Codificadores de umbanda

Revista *Kósmica*, janeiro de 1957, n. 3

Em torno de assuntos de Umbanda existe uma confusão geral. Cada autor define a seita como sempre originária da África, do Egito e de não sei mais donde. Todavia, temos que levar em consideração os argumentos sacados pelos autores, provando que Umbanda vem da África, outros afirmam que é essencialmente brasileira e até alguns entendidos no assunto reclamam para eles uma paternidade de ideias acerca do assunto.

Vamos começar transcrevendo hoje trechos do livro de um autor de renome nos estudos de Umbanda, cujo conceito nós não contradizemos não só porque falece autoridade, como também é nosso propósito por em equação um problema velho, entretanto, sempre novo em face do seu conteúdo.

Passaremos a transcrever trecho do livro do conhecido estudioso do assunto religioso do negro africano, no seu livro *Xangô Djacutá* – "Os nossos índios panteístas como os negros adorando todas as forças da natureza, cultuavam seus deuses ao sopé da umbanda, frondosa árvore semelhante à palmeira, ao saber do poracê sagrado,[1] isto é, do aruanã. Seus cânticos evocativos, acompanhados de instrumentos de seus lúgubres tais como o membi[2] e o timbatu,[3] atraiam os manes das selvas e seus antepassados para as libações litúrgicas.

Para estes cerimoniais o pajé oferecia caças frescas, tiquira[4]

1 Dança dos índios.
2 Buzina de guerra das tribos indígenas.
3 Instrumento de teclas usado pelos indígenas do Amazonas.
4 Aguardente de mandioca.

ou caxiri[5] em honra dos mortos tal como se observa no ritual sagrado dos africanos. Depois, cantando sempre, retornavam ao tujupar e prosseguiam as danças até caírem em êxtase. Pois foi por tais semelhanças panteístas que se verificou a mescla e com o decorrer dos tempos surgiu a Umbanda, corruptela de umbamba, religião afro-aborígene praticada pelos caboclos e mamelucos".

João de Freitas, um militante de Umbanda, cavalo de preto velho e um dos mais discutidos escritores do assunto concernente à lei, nos expõe seu pensamento acerca do sincretismo religioso. Mas, outros autores também, de não menos prestígio e autoridade nos estudos religiosos, dizem que a Umbanda não tem nada a ver com o africano e ao contrario, combatem com todas as suas forças, o africanismo taxando-o de religião de bárbaros, de povos atrasados e primitivistas. Nesta publicação de autoria de ***O Solitário*** da Academia Eclética Exotérica, no ***Evangelho de Umbanda***, encontramos conceitos estapafúrdios, sobre Umbanda, digno mesmo de ser analisado pelos antropólogos e pesquisadores do sincretismo religioso.

Como já afirmamos alhures, não é nosso intuito forjar polemicas e muito menos criar clima de desagregação, ao contrário, desejamos com essas nossas comparações, abrir caminho para que os evangelistas de Umbanda em geral, pautem seus conceitos no sentido de esclarecer seus adeptos e não encaminhando-os para uma estrada tortuosa como a que eles vem palmilhando.

A responsabilidade do conceito emitido por esse autor é enorme, porque além de sua posição de dirigente de um movimento religioso, qual seja a Fraternidade Eclética Espiritualista Universal tem o escritor, suas veleidades de Evangelista do Umbandismo. Vamos passar a transcrever um trecho do livro já acima citado:

– "A sua definição esclarece perfeitamente a sua origem e afasta qualquer hipótese sub-reptícia e levianamente apriorística de conivência qualquer com o africanismo com a ignorância pretende estabelecer paralelo e confundir como sendo a "mesma coisa", conforme temos visto até aqui, o que de modo nenhum é verdade!

---

5 Cachaça.

Umbanda – vem de Um + Banda. **Um**, que significa **Deus**, em linguagem simplificada oriental, para não entrar em detalhes esotéricos. E **Banda**, que significa **Legião, exército ou lado de Deus!** Ora, assim sendo não pode ser confundido com o africanismo, cujo ritual bárbaro e obras criminosas traçam por si mesmo uma linha divisória de incompatibilidade doutrinária e, sobretudo moral com Umbanda".

Aqui, parece-nos que há um pouco de exagero em seu linguajar e em suas afirmações. Pois, um sem número de praticantes do Umbandismo Africanista, são hoje homens de cultura e de posição social invejável no nosso meio, inclusive nas hostes políticas e administrativas.

Poderíamos citar um rosário interminável de ministros, almirantes, marechais, procuradores, desembargadores e muitos outros elementos que desfrutam lugares de destaque na sociedade, praticando o Umbandismo, como sua religião.

Por isso mesmo, não tememos em contradizer aquelas palavras do Evangelista de Umbanda, quando afirma que o Africanismo com o seu ritual bárbaro e obras criminosas, traçam, por si mesmo uma linha divisória de incompatibilidade doutrinária com a Umbanda.

Não vemos porque esse preconceito contra o Africanismo, pois muitos outros autores provam que o Umbandismo Africano marcou tento na história da civilização universal.

O próprio Tancredo da Silva Pinto e Byron Torres de Freitas, no seu livro *Doutrina e Ritual de Umbanda* contradiz o autor do Evangelho de Umbanda.

Diante do exposto, reafirmamos, que há uma necessidade premente da codificação da Lei de Umbanda. Urge um trabalho sério e honesto, à cerca da doutrina dos velhos africanos, transplantada para nossa terra.

Esperamos que, em breves dias, teremos alguma coisa feita neste sentido. Estamos sabendo que o Colegiado Espiritualista do Cruzeiro do Sul, está envidando esforços no sentido da realização do código de Umbanda, uma aspiração de todos os adeptos da lei dos nossos ancestrais.

Sebastião Rodrigues Alves

Os encantos da umbanda

Revista *Kósmica*, janeiro de 1957, n. 3

Os cultos praticados pelos povos africanos, no parecer dos estudiosos do assunto, tiveram sua origem em época que se perde na poeira dos tempos através de civilizações milenares.

Seu fundamento, pela profundidade que encerra, causa espanto ao homem hodierno e seu estudo apaixona enquanto sua pratica invade todas as camadas sociais a despeito do que os derrotistas pensam ou julguem, apesar das criticas e campanhas de desprestígios, não obstante a intolerância de alguns e o desprezo de outros.

Até a pouco considerava-se vergonhoso, era motivo de menosprezo saber-se que alguém pisasse em um Terreiro, visitasse uma Tenda de Umbanda ou assistisse um Candomblé.

Era inconcebível que um chamado civilizado se sujeitasse a apresentar-se de tênis ou descalço para "curimar" ao som de atabaques e agogôs em homenagem aos Orixás.

A Umbanda, nome genérico para identificar essas diversas modalidades de rituais e cultos, conseguiu o prodígio de entusiasmar nosso povo exigente e inteligente.

Como um caudal irreprimível, como uma avalanche irresistível, invade e inunda nossos sentidos e empolga nossa gente, fazendo-a vibrar de emoção e alegria animando-a com novas esperanças.

Ela deixa perplexos e confusos aos que se acham sob o ferrolho dos dogmas e amordaçados no seu arbítrio.

Se outros credos ou religiões tem sua liturgia, sua maneira

exotérica de apresentar seu ritual, suas divindades, seus sacerdotes e seus adeptos, porque, tentam nos negar esse direito.

Há os que exasperam e que pretendem que o sacerdócio deve ser privilégio de uma casta que faz um longo e complicado curso com o fito de disputar posições de mando, quando na Umbanda não são exigidos esses requisitos.

O dom é inerente a cada um. Não somos nós individualmente que escolhemos a missão a cumprir, pois o atributo é nato e espontâneo e as suas manifestações no inicio são julgadas por nós incomodas ou simples sugestão.

Não é raro se observar a relutância de muitas criaturas que são compelidas à praticas que desconhecem e às vezes abominam.

É comum verem-se as pessoas de ambos os sexos que encontram grande dificuldade em se adaptarem às exigências das Entidades ou Orixás, que por circunstâncias misteriosas se manifestam por seu intermédio, independente de sua vontade, dos seus conhecimentos ou estudos.

Estranham os leigos que haja quem, embora seja de nível social elevado, pratique cultos que eles julgam primitivos.

Soubessem eles das peripécias que antecederam a sua resolução de se renderem ao imperativo do novo estado de coisas.

Só depois de um período de aclimatação e observação é que a Umbanda começa a nos mostrar a sua beleza e os seus encantos.

Sua fascinante mitologia, seu belo ritual, seu poder vibrático, nos permitem sentir as imantações das suas correntes magnéticas através a atração dos pontos e batidas e nos facultam ter contato com as incomensuráveis irradiações astrais e captarmos os formidáveis elementos da Natureza viva, criadora e pródiga, por intermédio dos Orixás, essas divindades que são a exteriorização da vontade absoluta da sabedoria de Obatalá, de Olorum ou Zambi.

Imaginemos se for possível as forças geradoras conservadoras e destruidoras da terra, das águas, do ar, dos ventos, das tempestades e do fogo.

Pois esses elementos têm suas energias aplicadas na Umbanda.

Eles são vivos e dão vida.

Eles têm o seu Reinado, suas Entidades, seu Encanto. Tem seu povo e suas criaturas!

Essa é a manifestação dos Elementais. Eis os Orixás. À própria essência da Natureza maravilhosa materializada e captada pela Umbanda.

As falanges de Oxóssi filtram as selvas incomensuráveis das florestas virgens e do éter invisível. Ogum comanda os elementos da terra rica com seus minérios. Oxum conduz as ninfas vindas das profundezas da águas límpidas. Yemanjá reina sobre suas sereias morando nas grutas dos mares imensos. Xangô domina as forças celestes dos trovões e dos relâmpagos. Inhaçã impera sobre os ventos e as tempestades.

Cada Orixá traduz enfim a influência de um astro concebida por um elemento conhecido ou, da Natureza, essa soberba obra realizada pelo Supremo Criador. Eis a beleza da Umbanda, eis suas armas, eis seu grande Encanto.

Jair Matos Tostes

O rádio invade os terreiros da macumba ou a macumba invade o rádio

Revista do Rádio, 11 de agosto de 1956, n. 361

– Depois de vinte e cinco anos de rádio, encontrei afinal o sucesso que sempre busquei!

Attila Nunes, diante de nós, abre os braços, aponta para a parede, onde estão espetadas cartas, muitas cartas de todo o Brasil, e continua:

– Veja. Veja, só. São mais de mil cartas. E os telegramas. E os telefonemas... Tudo isso por causa do meu programa "Melodias de Terreiro". Quando comecei, há dois anos, tinha medo de uma reação mais forte, e a reação veio, tal e qual eu imaginava. Entre um disco e outro eu me limitava tocar apenas uma musica de Umbanda, mais nada. Mas isso foi há dois anos. A repercussão foi de tal modo favorável que o programa, irradiado primeiramente aos domingos das 23 às 24 horas, tomou tal vulto que hoje vai ao ar das 22:30 h às 24:00 h e consta quase totalmente de melodias de terreiro (cantos de Umbanda).

O telefone toca. Alguém, do outro lado solicita cópia de uma prece. Attila Nunes anota o endereço, promete mandar, desliga e informa:

– Está vendo? Recebo dezenas, centenas de pedidos de cópias de preces que leio no final do programa. Tanto que já agora tiro cópias no mimeografo e distribuo mesmo a todos os crentes.

– Sim, eu sou umbandista e muito me orgulho disso. Frequento terreiro, mas no meu programa não irradio as melodias como são cantadas, mas sim como são gravadas depois de sofrerem o tratamento orquestral das gravadoras. Por isso mesmo é que meu programa não se dirige apenas aos crentes, aos umbandistas, mas também aos que se interessam por questões sociológicas ou aos que simplesmente gostam de música. Não há nada mais belo do que os motivos e as linhas melódicas dos cantos de Umbanda.

– Fui o primeiro que teve a coragem de divulgar num programa especial as melodias de terreiro. Hoje, que o programa já conquistou o horário e um publico certo, outras emissoras anunciam programas semelhantes. Fico muito satisfeito com isso. Porque como pioneiro não poderia desejar coisa melhor.

Sorri e explica:

– Lancei muita gente em rádio. Escrevi programas, dirigi rádio teatro, produzi peças, novelas, fiz de tudo o que se pode fazer em matérias de rádio. Se não tive o sucesso que sonhei, consegui pelo menos viver de rádio nestes vinte e cinco anos. Viver dele e com ele, educar e casar meus filhos. Já sou avô. Mas, creia, nunca tive alegria maior do que com este meu programinha, que é todo ele feito à base de discos e preces.

Uma advertência:

– Não escreva isso não, porque não creio em tudo o que me dizem, mas já me afirmaram que uma das preces lidas em "Melodias de Terreiro" realizou um milagre. Foi a mãe da criança sacudida pelo milagre que me telefonou, em prantos.

Eu não creio nisso, mas em todo o caso, se concorri para eu alguém se curasse, fico feliz. No entanto recuso qualquer espécie de consulta e indico sempre aos que me procuram para uma palavra de conselho ou uma orientação na vida, qualquer um dos terreiros em que se cultuam Umbanda e seus xangôs.

E já no elevador, se despedindo do repórter:

– Não sou milagroso, repito. Não acredito que Deus me tivesse dado poderes para tanto. Mas através do meu programa levo sempre uma palavra de fé e um pouco de confiança aos que creem.

Um riso largo:

– Agora vão aparecer dezenas de programas iguais ao meu. Mas quando eu comecei, só Deus sabe a luta que tive de travar para mantê-lo no ar. Enfim, o sucesso é isso mesmo, e a crença é uma só. Deus seja louvado!

Hélio Tys

Attila Nunes categórico: eu acredito em macumba! E você?

Revista do Rádio, 5 de outubro de 1957, n. 421

Attila Nunes é um elemento de prestígio no meio radiofônico e mantem sua situação graças à simpatia pessoal que sabe irradiar e uma capacidade de trabalho das mais invejáveis.

Há mais de vinte cinco anos no rádio, Attila tem sido animador, redator, produtor, corretor e diretor. Em todos esses setores Attila tem amigos e admiradores e, na Rádio Guanabara, aonde vem emprestando sua colaboração com o maior destaque há alguns anos, o moço Attila Nunes (porque é moço de espírito e de corpo, apesar de veterano) realiza um trabalho dinâmico e eficiente. Depois de rápidas palavras, fizemos quase a queima roupa, uma pergunta que para outro qualquer poderia ser embaraçosa:

–Attila, você acredita em espiritismo?

– Eu sou espírita (respondeu-nos).

Voltamos à carga:

– E na macumba?

– Não diga macumba. O espiritismo se divide em kardecista e umbandista. Há leis de Umbanda e de Kardec. Um e outro são manifestações diversas de um mesmo tronco. Macumba, para ser mais exato, é uma manifestação musical, um ritmo usado ou um instrumento primitivo.

– Qual a diferença de um umbandista para um kardecista?

Attila sorri e responde:

– Ambos são intimamente ligados. Há apenas a diferença visual: um é mais lapidado e o outro é mais rústico. Porém ambos alcançam a mesma finalidade.

– Quantas cartas recebe, por mês, de seus ouvintes?

– Cerca de 2500 cartas por mês. Gente pedindo cópias de preces e poemas lidos aqui (no programa) por mim. Calculem que num período de três anos já enviei perto de 70 mil cópias das cinco preces e dos nove poemas que escrevi.

– Já houve algum caso de cura graças às suas orações?

– Sim. Muitos casos, todavia não os divulgo para não parecer exibicionismo e ao mesmo tempo para evitar que a boa fé do povo arraste, para a emissora, curiosos e crentes.

– Nós sabemos que você também pinta, não é assim?

– Exato. Já pintei vários quadros sob inspiração religiosa (mediúnica). Entre eles o preto velho Pai Benedito; Caboclo Filho do Fogo; Janaína, senhora das águas e Raio de Luz – caboclo.

Attila Nunes. Além de dinâmico homem de rádio, é também um descobridor de talentos. Tanto assim que vemos Maria do Carmo e Germano, lançados como autênticas descobertas suas. Quanto aos demais, deixemos que ele mesmo faça. Ao término da entrevista, a sua saudação habitual:

– Saravá Pai Benedito!

Os exus

Jornal de Umbanda, janeiro de 1957, n. 68

Tenho observado ao falar com algumas pessoas, entre estas com algumas que se dizem médiuns de Umbanda que por falta de instrução de seus preparadores ao falar-se em EXU, sentem um arrepio e ficam escandalizados.

Ora, não é admissível que um iniciado possa ignorar quem são os espíritos de demanda na terra, sem os quais jamais poderíamos desmanchar os trabalhos de amarração, feitos pela magia negra, e bem assim para neutralizar os efeitos da maioria dos males que a humanidade tem sobre o seu corpo e a sua alma.

Como poderiam os Caboclos, entidades de tanta luz, imiscuírem-se nos meios vibratórios mais baixos para desfazer esses trabalhos? No meio das maiores forças da magia negra quem iria operar? Estaria um prefeito de uma cidade disposto a imiscuir-se nos trabalhos mais humildes da Limpeza Pública?

Assim, os espíritos luzeiros, valem-se desses espíritos inferiores para os trabalhos de destruição das feitiçarias e outros serviços do baixo astral, fazendo-os trabalhar para o bem da humanidade.

Devemos ter muito cuidado é com o nosso próprio EXU, porque este sim é mau e perigoso nos momentos de nosso ímpeto perverso, e ele está sempre de espreita, pronto a agir de acordo com os nossos sentimentos individuais.

O Exu é indispensável na Lei do equilíbrio, na execução das tarefas que lhe são designadas, operando sempre dentro da sua esfera de ação, cumprindo com a missão que lhe está reservada pelos Poderes altos, premiando e castigando, de acordo com a permissão.

Viva, pois o Exu que muito pode fazer na Lei de Umbanda!

Ramos Marques
Transcrito do *Astral*, Rio Grande do Sul

O Presidente da República disse: perseguir religião, não!

Jornal de Umbanda, janeiro de 1958, n. 76

"O Ministro da Justiça propõe a suspensão por seis meses da Sociedade Torre de Vigia de Bíblias e da Sociedade Publicidade Consolação e a promoção do cancelamento judicial de suas personalidades jurídicas".

O Presidente da República Dr. Juscelino Kubitschek de Oliveira em despacho da Consultoria Geral da República, publicado no Diário Oficial (Seção I), de 8-4-57, fls. 347, no parecer sobre a suspensão da personalidade jurídica da Sociedade Torre de Vigia de Bíblias e Tratados e da Sociedade Publicidade Consolação, exarou o seguinte despacho:

"Aprovo o parecer do Senhor Consultor da República.

As razões da proposta se originaram na atitude assumida por certa aluna de determinada escola pública, negando-se a prestar qualquer culto cívico, inclusivo, a cantar o Hino Nacional, sob alegação de crença religiosa, fato esse reputado como causador de sérios embaraços à ação educacional e atribuído à doutrina propagada pelas mencionadas sociedades.

O fato poderia se simplificar, com o afastamento da menor dos bancos escolares, ouvidos os seus pais.

Mas, a Prefeitura do Distrito Federal representou ao Ministério da Justiça sobre o assunto e douta Consultoria dessa Secretaria de Estado concluiu que o comportamento da criança nada mais era do que fruto das catequizadoras doutrinações promovidas pelas referidas Sociedades que, já em 1949 tiveram suspensas suas atividades, por falta de declaração de seus fins, com proposta aceita da extinção de sua personalidade.

Efetivamente, foram suspensas as atividades dessas associações e ajuizada ação judicial de dissolução. Requereram elas, entretanto, mandato de segurança ao Egrégio Supremo Tribunal Federal, como se verifica do processo anexo, por mim requisitado ao Ministério da Justiça. E, administrativamente, pediram reconsideração do ato governamental.

Esse pedido fora atendido por despacho de 4 de novembro de 1945 (Processo n. 2.919-53), em face da informação favorável do Departamento Federal de Segurança Pública (Oficio de 26-9-55). O próprio Consultor Jurídico do Ministério da Justiça opinara pela reconsideração da penalidade de suspensão e dissolução no Parecer n. 1/177, de 24-6-55, apesar de transcrever trechos de informações prestadas ao processo pelo Chefe de um dos Serviços do Departamento do Interior e Justiça, em que se falava em não prestação de serviços militares pelos adeptos de doutrina, negação de cultos cívicos, saudação à bandeira e certa orientação à desobediência a tudo que não seja o que determinam seus superiores de seita".

Assim, concluiu, com efeito, o ilustre consultor o seu parecer:

> O Dr. Assistente Jurídico, a fls. 18, em longo parecer faz o exame das provas apresentadas e ressalta a nova orientação da Polícia, que deixou de considerar perigosa a atividade exercida por aquelas seitas.

Essa orientação da Policia resulta, principalmente, de suas informações nos processos de permanência e expulsão de estrangeiros, dirigentes das sociedades, que ensejamos.

O funcionamento dessas entidades condiciona-se ao seu respeito à ordem pública. Afirmando as autoridades competentes que as seitas, em apreço, não têm reflexos sociais perigosos, é de se concluir pelo deferimento do pedido de reconsideração.

O certo é que, em consequência do referido despacho proferido pelo Chefe do Gabinete, de ordem do então Ministro da Justiça, o Procurador da República em São Paulo, desistiu da ação de dissolução das sociedades, desistência essa judicialmente homologada, ao que se verifica do processo.

Nestas condições e em face desses esclarecimentos certamente desconhecidos do eminente titular da pasta da Justiça ao propor as mesmas penalidades, esta Consultoria manifesta-se pelo arquivamento do processo.

A nossa Constituição, com efeito, assegura a liberdade de crença e o exercício de cultos religiosos, salvo o dos que contrariarem a ordem publica e os bons costumes (Constituição, art. 141, Parágrafo 7º).

O Departamento Federal de Segurança, no seu ultimo pronunciamento, declara "nada existir nas atividades da Sociedade Publicidade Consolação e Sociedade Torre de Vigia e Bíblias e Tratados que possa interessar do ponto de vista político-social", acrescentando que essas Sociedades tem a sua situação perfeitamente esclarecida garante a Divisão de Policia Social (Oficio de 26-9-55, processo anexo n. 2.919, folhas 53).

Nestas condições, ao parecer não tem cabimento a suspensão das atividades e muito menos sua extinção. Salvo melhor Juízo. A. Gonçalves de Oliveira. Consultor Geral da República".

Agora, diante da jurisdição firmada pelo Procurador Geral da República, os umbandistas têm uma chave para recorrer à Justiça, quando forem violentados nos seus direitos de adorarem a Deus à sua forma.

O repórter da *Kósmica*, no sentido de bem informar os seus leitores esteve recentemente na Delegacia de Costumes e defraudações, na Seção de Tóxicos e Entorpecentes, onde falou com o Comissário Lírio, chefe daquele Serviço especializado, tendo declarado que esperava muito em breve que o registro das Instituições religiosas de Umbanda passará certamente para o controle do Colegiado Espiritualista do Cruzeiro do Sul, das Federações e Confederações. É muito justo que seja entregue o fichário e demais elementos das Instituições da Lei, aos seus verdadeiros dirigentes, já que está criada a Cúpula do Umbandismo no País. Claro é que a Policia, através de sua Delegacia especializada, já prestou relevantes serviços na repressão dos falsos umbandistas, dos charlatões, dos aventureiros, dos mistificadores, entretanto agora, já foge de sua alçada tais atividades, em virtude das Organizações de nível superior do Espiritismo, estarem empenhadas em sanar qualquer irregularidade dentro do comportamento dos seus adeptos.

Um fato, também importante, e que aquele serviço de repressão policial, está empenhado como todo mundo, na campanha de repressão de tóxicos e entorpecentes, mas que vem afligindo toda a humanidade pelo seu conteúdo de degenerescência e degradação da espécie humana.

Agora mesmo, o grande psiquiatra patrício Pernambucano Filho, um dos membros da ONU, nos assuntos concernentes aos tóxicos e entorpecentes, declara que o problema é da mais profunda apreensão para os estudiosos daquele flagelo corruptor da humanidade.

Assim sendo, os umbandistas devem tomar tento e reagirem diante da violação dos seus direitos garantidos pela Constituição do País, conforme esclareceu com muita propriedade o meritíssimo Doutor Procurador Geral da República.

S. R. A.

Transcrito do *O Nosso*

"Na humilde Umbanda só há lugar para humildes trabalhadores, pois todo aquele que se exalta na terra não é digno de ZAMBI".

A umbanda está em festas!

O Semanário, 18 de setembro de 1958, n. 127

Sim, em festa para comemorar o primeiro cinquentenário de fundação da Tenda Espírita Nossa Senhora da Piedade, que ainda hoje, decorridos 50 anos, mantem na sua presidência o seu fundador, nosso dileto companheiro Zélio Fernandino de Moraes, baluarte da Umbanda, que através dos anos bem vividos, tem podido dar ao Brasil inúmeras casas de caridade e amor ao próximo.

A Umbanda está em festa!

Zélio Fernandino de Moraes prometeu a O SEMANÁRIO que em breve falaria sobre a instituição da Umbanda no Brasil e seus precursores, adiantando-nos que foi em novembro de 1908 que ele recebeu ordens para dar inicio aos seus trabalhos nesse setor espiritualista em que se encontra até hoje, sem nunca haver se desviado da rota traçada pelo seu Chefe espiritual, o Caboclo das Sete Encruzilhadas.

Disse-nos, mais, o nosso amigo Zélio que já se elevam a mais de 50 as tendas por ele fundadas, aqui no Distrito Federal, no Estado do Rio, em Minas Gerais e notadamente em São Paulo, onde a Umbanda se desenvolve promissora.

Depois de cinquenta anos de dedicada situação nos meios umbandistas, Zélio Fernandino de Moraes vai receber dos seus amigos, afilhados e companheiros, consagradora homenagem em dia a ser fixado.

Nenhuma homenagem mais justa. O SEMANÁRIO estará

presente para fixar em suas colunas, o auspicioso acontecimento e desde já apresenta ao digno seareiro da Umbanda os mais efusivos cumprimentos e votos de contínuos progressos na senda em que se encontra.

Na oportunidade, voltaremos ao assunto.

O primeiro recenseamento de umbanda

Jornal de Umbanda, fevereiro/março de 1958, n. 77

PRIMEIRO RECENSEAMENTO DE UMBANDA
(Iniciativa da "Comissão de Divulgação da Imagem de Iemanjá")

COLETA DE DADOS

1 Nome do Centro ou Tenda ....
2 Rua .... n. .... Bairro ....
3 Registrado ? ...... Cidade .... Estado ....
4 N.º DE ASSOCIADOS:
Homens ....
Mulheres ....
Crianças ....
(menores de 16 anos)
5 N.º DE MÉDIUNS:
Homens ....
Mulheres ....
Crianças ....
(menores de 16 anos)
6 Chefe Espiritual ....
7 Qual o dia da maior festa do Centro ? ....
8 N.º médio de sessões realizadas por mês ....
9 N.º médio de frequentadores por sessão ....
10 Obras de assistência social: ....
....
....
Diretor responsável pelas presentes informações:
(a.) ....
Cidade .... Estado ....

(Corte aqui e remeta-nos)

PRIMEIRO RECENSEAMENTO DE UMBANDA
(Iniciativa da "Comissão de Divulgação da Imagem de Iemanjá")

INFORMAÇÃO INDIVIDUAL

Nome ....
Sexo .... Idade ...... É médium ? ....
Centro a que é filiado ....

Figura 7: Formulário sobre o Primeiro Recenseamento de Umbanda. Fonte: *Jornal de Umbanda*, janeiro de 1958, n. 76.

A força e o prestígio de uma organização, qualquer que ela seja, civil, comercial, militar ou religiosa, medem-se, sem duvida, pela sua estrutura interna, seus princípios e pelo número de seus componentes. Pode-se dizer, por exemplo, que o exército de um determinado país é otimamente treinado etc. Mas – perguntar-se-á logo – quantos homens têm?

Nas organizações religiosas, mais de que qualquer outra, o número de componentes, simpatizantes ou membros ativos, é de suma e capital importância. E, em uma organização como a nossa UMBANDA, plena de percalços, com aves de mau agouro a lhe rondarem o surpreendente desenvolvimento; com entidades de outros credos a pretenderem negar-lhe a força e o prestígio, o número de seus adeptos DEVE e TEM de ser conhecido por todo o Brasil.

QUANTOS SOMOS? – Dolorosa interrogação!

É imprescindível, é mister que todos os umbandistas sinceros e verdadeiramente crentes, cooperem para que seja possível responder a essa pergunta: – QUANTOS SOMOS?

Precisamos gritar para o Mundo o quanto valemos e o que representamos! Se a religião tal ou a crença tal tem tantos adeptos; se a associação religiosa "x" tem tantos sócios; se todos apregoam, com orgulho, o número de seus membros. Como será possível à UMBANDA deixar de saber quantos filiados possui?

Fazemos, aqui, o nosso veemente apelo aos nossos irmãos umbandistas para que o PRIMEIRO RECENSEAMENTO DE UMBANDA possa servir de ponto de partida para o reerguimento da UMBANDA ao pedestal onde ela precisa e deve manter-se.

Elevemo-la, façamos da UMBANDA o que ela, de fato é, uma estrela de primeira grandeza. Uma religião de amor, de força, sob a inspiração Divina. Mostremos ao Mundo o seu valor, mostrando-lhe o material humano que representa.

Para concorrer ao PRIMEIRO RECENSEAMENTO DE UMBANDA, é mínimo o trabalho. Não há despesa de espécie alguma. Basta, tão somente, mandar o recorte deste jornal ou, mesmo, um pedaço de papel qualquer (de preferência com o timbre ou carimbo do centro ou tenda), informando quantos filiados tem a agremiação (centro, tenda ou terreiro), quantos médiuns etc.

Não há despesa, não há trabalho. Não deixe, assim, de cooperar para a grandeza da UMBANDA, proporcionando-lhe a oportunidade de dizer ao Mundo, ao Brasil e aos próprios umbandistas, *quantos umbandistas existem*.

Fundada a União de Umbanda do Paraná

O Dia, 27de dezembro de 1959, n. 11328

No sábado ultimo em que se comemorava a emancipação politica do Estado, um grupo de adeptos umbandistas reuniram-se na sede da Tenda Espiritualista de Ogum, fundaram a UNIÃO DE UMBANDA DO ESTADO DO PARANÁ, órgão há muito clamado pelos simpatizantes desta religião, o qual irá procurar reunir as TENDAS dispersas em nosso Estado e ao mesmo tempo e através de constantes esclarecimentos, particularmente aos meios profanos situar esta religião em seu justo pedestal e diferenciando-a destes embustes por aí espalhados e que quase sempre dão ensejo a manchetes jornalísticas vexatórias.

Esta reunião foi presidida pelo Presidente da Tenda Espiritualista de Ogum e contando com a presença de elementos credenciados da Tenda Espírita Paz e Caridade, Tenda de Umbanda Yemanjá, Tenda Espiritualista de Ogum, Tenda Espiritualista de Oxóssi (da Lapa), Tenda Espiritualista São João Batista, Tenda Espiritualista de Oxóssi e Xangô, Tenda de Umbanda São Jorge, além de numerosa assistência.

Assuntos importantes foram deliberados, inclusive constituindo-se o GRANDE CONSELHO DOS REPRESENTANTES e a comissão para o anteprojeto dos Estatutos.

No encerramento desta magna reunião proferida pelo representante da Tenda Espiritualista São João Batista, a prece de agradecimento às forças espirituais, principalmente a Entidade pioneira da Lei de Umbanda em nosso Estado que é o

PAI JOÃO DE BENGUELA, que são as inspiradoras de todas nossas atividades.

A próxima reunião do GRANDE CONSELHO DOS REPRESENTANTES foi convocada para o dia 30 de janeiro às 15:00 horas na sede da Tenda Espiritualista de Ogum, sito a Rua Belo Horizonte e em cuja oportunidade espera-se que outras tendas imbuídas dos mesmos propósitos estarão também representadas dando assim à este ÓRGÃO, em tão boa hora criado, o necessário impulso para o bom cumprimento de seu desiderato.

(Da Comissão de Propaganda).

O Caboclo das Sete Encruzilhadas

Jornal de Umbanda, abril de 1959, n. 88

Um Espírito da intensa luz, perdido pelo Espaço, suplicará ao Espírito Supremo que o guiasse, livrando-o da escuridão eterna...

Quem era esse Espírito? De onde vinha? E por que, sendo de tanta luz, perdera-se no Etéreo?

Era um Espírito que passara por várias encarnações; umas de elevado conceito entre os seres da Terra, outras, de maior sofrimento entre esses: – um sábio, um sacerdote, um guerreiro, um pária, um médico, um poeta, um filósofo, um escravo...

Vinha das profundezas nos longínquos da Imensidade...

Perdera-se ofuscado pelo clarão da própria sabedoria... pois, em todas as encarnações fora como um fanal[1] iluminando as veredas do Mundo...

O Espírito Supremo o guiou, então, no rumo de um povo afável e compassivo cuja formação espiritual carecia da luz do seu enorme saber: – o povo brasileiro.

E, em aqui chegando, tomou como seu mediador junto aos homens, um caboclo sadio, forte como uma rocha, bravo como um jaguar, ágil como uma sussuarana e de alma reta como uma palmeira.

Ouvindo, ao longe, a fonte da mata, esse caboclo, encostado a um marco de pedra, na intercessão de sete caminhos, guardava, como sentinela avançada, com a muralha de seu peito e de

1 Fogo aceso em torres ao anoitecer , ao longo das praias, à entrada dos portos. Lanterna ou fogo a bordo dos navios.

seus braços, a entrada da terra dos que falavam a linguagem dos seus irmãos, dos Tamoios, dos Tabajaras, dos Tupiniquins, dos Aimorés e de todos os da sua raça que sabiam lutar como fortes e bravos, mas, sabiam, também, quebrar, felizes, a flecha da paz...

Pois bem: Em uma luta sangrenta, depois de o Sol ter-se escondido sete vezes e depois de sete luas, esse caboclo, o mais forte e o mais respeitado por todas as tribos, batendo-se como jaguar ferido, tombou como guerreiro ao arremeter das flechas. E tombou no seu posto de guarda; bem no centro das sete encruzilhadas!... E a sombra negra da morte baixou sobre seus olhos...

E o Espírito, tendo-se desprendido, continua pelo Espaço, procurando outros mediadores, mas, desta feita, com rumo certo, como guia espiritual dos brasileiros, distribuindo a todos bem-aventuranças e dando luz e consolo aos que padecem...

D. P. L.

Os vinte e quatro anos de existência da Tenda Espírita São Jorge

Jornal de Umbanda, abril de 1959, n. 88

Rua Dom Gerardo, 45 – Sobrado

Prazerosamente, vimos transcorrer no dia 15 de fevereiro passado, o vigésimo quarto aniversário da Tenda Espírita São Jorge, em uma festa simples, mas, muito bonita, valendo o registro, pelo que neste lapso de tempo, foi realizado, na prática da caridade. O grande caminho percorrido demonstra-nos, uma plêiade de irmãos abnegados, dando de si, toda uma existência, para minorar um pouco as dores dos necessitados. Festa que coroou os esforços conjuntos de seus dirigentes, médiuns e associados, prova inequívoca do poder da força de vontade, abnegação e reto cumprimento do dever de cada um.

Homenagens especiais foram tributadas ao seu grande fundador, Dr. Antônio Pedro Barbosa, o dinâmico presidente e abnegado e mui eficiente médico, tanto pelo que tem realizado no campo da medicina, independente da questão pecuniária, como também na parte social, unindo em torno de seu nome, força una e indivisível, que é em sentido lato, o quadro social, extraindo-lhe grandes valores, contribuindo destarte, moral, cultural e espiritualmente, para o enriquecimento de nossa querida Umbanda. Igualmente foram homenageados todos os sócios fundadores.

Foram exortados os nomes dos atuais dirigentes, pelo que tiveram oportunidade de realizar, dos quais a título de registro destacamos os nomes do Sr. Antônio Peixoto Bastos, atual vice-presidente e sócio benemérito, pela assiduidade e dedicação, Sr.

Silvério Pereira dos Santos, nome ligado às finanças da Tenda e graças à sua visão foi na sua gestão comprado o prédio que será a futura sede própria.

Lembramos a grandiosa dedicação encontrada nas pessoas dos Senhores Armindo da Cunha Barros Pimenta e Carlos Baptista Cortinhas pela sinceridade ou mesmo pela lealdade, inspirando-nos plena confiança. Menção honrosa faz-se ao incluirmos o nome do Sr. Feliciano José Lopes, diretor dos trabalhos espirituais que, empregando todos os esforços e dedicação no cumprimento de sua missão e com o produto de uma orientação segura, empenhando-se até o sacrifício pessoal, na divulgação da Doutrina Espírita Umbandista.

Junta-se ao seu nome, os de Albina Oliveira dos Santos e José Cândido da Silva como coadjuvantes de um todo harmônico e humilde, representando condignamente o corpo mediúnico.

A linda festa vivificada nestas linhas, teve inicio com a interpretação da Ave Maria, pela nossa irmã Beatriz, calando profundamente em nossos corações como um bálsamo de amor e fraternidade. Prosseguindo, o Sr. Dr. Antônio Pedro Barbosa, fazendo um relato de suas atividades e relembrando Rivignan, disse: A vida é um dever a cumprir e um apostolado a exercer, por isso nada faço do que cumprir o meu juramento prestando a caridade aos que nos procuram.

E nesta oportunidade, em brilhante discurso, falando sobre os grandes vultos de nossa agremiação, a nossa digna secretaria Senhorita Edla Moreira Padrão, exaltando-os merecidamente.

E assim, caminhando para um quarto de século de existência, o nosso jubileu de prata, sob a proteção da gloriosa bandeira de São Jorge, com a ajuda de Deus, de Jesus Cristo e todas as falanges, sob orientação do nosso patrono Ogum Timbiri, a nossa festa continuará indefinidamente a cada ato de caridade praticado nessa casa.

A deusa do mar

Revista *Careta*, 16 de janeiro de 1960, n. 2690

Todos os anos, no derradeiro dia de dezembro, os *Babalorixás* (chefes) fazem os filhos de Yemanjá, levar *amalás* (presentes) à Deusa do Mar. A cerimônia se estende das 23 às 24 horas e nela ocorre o batismo dos novos adeptos, sendo "batizados" aqueles que passam a "médiuns" ou "cavalos", como querem os "santos".

Quando a chefia do "terreiro" está sob a tutela de alguma mulher, chama-se ela *Yalorixá*, e é sua "filha maior", "sabá", quem geralmente lhe coloca o "cocar de caboclo" (penacho de capacete).

Isso ocorre no rito da Umbanda, que é dirigido por pretos velhos, cujo chefe geral se chama *Tatá*, e cujo "espírito maior" se chama "Tadeu".

É notável o incremento que esta crença está tomando nesta Capital. A Umbanda é um dos setores da Macumba, toda ela voltada para o bem, ao contrário da Quimbanda, que é para o mal.

Exu (o demônio) é quem domina na Quimbanda, enquanto na Umbanda, manda Ogum (São Jorge) e todos os "espíritos de luz" que trabalham pela Lei de Oxalá (Deus).

A macumba teve origem em terras africanas, mas encontrou no Brasil campo maravilhoso ao seu crescimento e aprimoramento.

O leitor que nos lê talvez sorria, mas não terá de admirar-se, caso no próximo 31 de dezembro, vá levar seu *amalazinho* à Yemanjá, como o estão fazendo muitas pessoas importantes, muito bem instaladas na vida...

Reproduzimos esta reportagem com o objetivo de mostrar que, em 1960, cinquenta e dois anos após a primeira manifestação da Umbanda, com Zélio de Moraes e o Caboclo das Sete Encruzilhadas, a ignorância do público e da imprensa era ainda muito grande sobre a Umbanda.

Citamos como exemplo o fato da reportagem citar que o no rito da Umbanda é dirigido por pretos velhos e cujo chefe geral se chama *Tatá*, e cujo "espírito maior" se chama "Tadeu". O rito de Umbanda, mesmo naquela época, era dirigido por pretos velhos ou caboclos. Tatá é um termo banto para Pai Espiritual encarnado. O "espírito maior" se chamar Tadeu é algo que nunca tínhamos ouvido falar ou lido.

Apesar de, ainda hoje, muita gente pensar que Exu é demônio, isso não faz sentido. Oxalá é sincretizado com Jesus e não é Deus como cita o texto.

O despreparo dos repórteres, ainda tão em voga na atualidade, era explicito na década de 1960.

Umbanda promoverá congresso nacional contra o fanatismo

Diário da Noite, 23 de fevereiro de 1960, n. 11437

– Pela segunda vez vamos realizar um congresso nacional das entidades umbandistas do Brasil, a fim de estabelecer normas que possam definir a modalidade de culto, uniformização de princípios doutrinários e preceitos que evitem a prolixidade de aplicações que tumultuam a grande comunidade, reunindo enfim, no mesmo laço de fraternidade todos os irmãos da mesma crença – declarou-nos o engenheiro Henrique Landi Junior, ao anunciar o próximo II Congresso Brasileiro de Umbanda, que terá lugar nesta capital.

Figura 8: Henrique Landi Junior incorporado com Preto Velho. Fonte: Tenda Espírita Fraternidade da Luz (www.tefl.com.br)

– A Comissão Organizadora do conclave – continuou o Dr. Landi Junior – já deliberou sobre o temário a ser debatido, visando um passo decisivo contra o cerco de fanatismo e ignorância que, infelizmente, ainda existe nos meios da Umbanda, religião de amor e da fraternidade. O temário encerra um programa de 25 pontos, verdadeiramente objetivos e transcendentes no sentido espiritual da escola de Umbanda. O Congresso em organização mostrará aos contraditores da Umbanda que os umbandistas brasileiros já tomaram resoluções definitivas para situar a sua religião, a sua doutrina, sem os inconvenientes da falta de uma codificação, pela qual nos bateremos intransigentemente.

Em atividade a comissão

Revelou-nos o Senhor Landi Junior que a Comissão Organizadora do Congresso Umbandista está assim constituída:

Presidente de Honra: Benjamim Gonçalves Figueiredo (Tenda Espírita Mirim).

Presidente: Henrique Landi Junior.

Vice-Presidentes: Floriano M. Fonseca (Colegiado Espírita Cruzeiro do Sul e União Espiritista de Umbanda do Brasil), Almirante Diógenes de Oliveira Dias, Narciso Cavalcanti de Albuquerque, João de Freitas, Armando Gareau Moreira e Jerônimo de Souza.

Secretario Geral: Diamantino Coelho Fernandes.

Primeiro Secretario: Dionísio B. de Melo.

Segundo Secretario: Silvino José Gonçalves.

Terceiro Secretario: Pompilio Vieira de Souza.

Os vice-presidentes são presidentes natos das subcomissões já em funcionamento e que são: Estudos das Teses, Finanças, Assuntos Interestaduais, Visitas, Festas, Propaganda etc.

A Comissão Organizadora encontra-se em plena atividade, tendo já elaborado o temário, de acordo com o parecer dos Senhores João de Freitas (escritor de Umbanda), Carlos Eduardo Peçanha (engenheiro) e Custódio Pereira de Carvalho (contador).

Adesão

Quando perguntamos ao Senhor Henrique Landi Junior sobre as adesões já obtidas para a realização do II Congresso Brasileiro de Umbanda, respondeu-nos ele:

– Convém lembrar que o I Congresso Brasileiro do Espiritismo de Umbanda foi realizado nesta capital há 20 anos, tendo constituído grande acontecimento religioso e social. E se isso aconteceu a tanto tempo, servindo de estímulo aos legítimos umbandistas, hoje, forçosamente teremos que reunir muito mais fiéis da grande crença. Por isso é que podemos adiantar que já contamos com inscrições coletivas e individuais provenientes de São Paulo, Minas Gerais, Rio Grande do Sul, Bahia e Paraná onde se encontram delegados da Comissão Organizadora.

Rio Grande do Sul à frente

Perguntado sobre qual o Estado que poderá dar maior contingente de delegados, respondeu-nos o Senhor Landi Junior:

– Tenho a impressão de que o Rio Grande do Sul oferecerá maior número de congressistas pois é a unidade da Federação que conta com mais adeptos de Umbanda, tendo mesmo um representante na Assembleia Legislativa do Estado, Dr. Moab Caldas, delegado especial da Comissão Organizadora recentemente empossado quando em visita dos companheiros do Distrito Federal. São Paulo também estará bem representado.

Sobre a data do Congresso, o Senhor Landi Junior não pode ser preciso. Disse-nos que a maioria dos membros da Comissão Organizadora ainda expressasse a possibilidade de ser realizado em julho do corrente ano, mas devido às grandes distâncias que, em parte, dificultam o trabalho das subcomissões é mais provável que se realize no fim do ano corrente ou em princípios de1961.

A Comissão Organizadora do II Congresso de Umbanda está se reunindo semanalmente às terças feiras, das 21 às 23 horas na sede da Tenda Espírita Mirim, à Rua Ceará, 183, São Francisco Xavier, 2° andar.

Recenseamento e os umbandistas

Jornal de Umbanda, abril de 1960, n. 96

Foi tentativa da União Espiritista de Umbanda do Brasil, aproveitando a ideia da Comissão do Quadro de Iemanjá, organizar um levantamento total dos umbandistas espalhados por todo território nacional. A esse movimento "Jornal de Umbanda" deu amplo apoio e divulgou durante algum tempo cupões que deveriam ser preenchidos e remetidos à nossa redação, a fim de se saber quantos somos no final da apuração.

No entanto, a apatia, a indiferença quase criminosa de nossos irmãos, prejudicou, sobremodo o resultado de tal pesquisa, pois bem poucos foram os que conscientes de sua responsabilidade e certos do grande propósito daquele movimento recenseador, responderam ao questionário em tela.

E continuamos ignorando quantos somos!

Agora, entretanto, se nos apresenta a oportunidade de sabermos, através do IBGE, quantos umbandistas existem espalhados por todo o país. Mas, para que isto aconteça acertadamente, precisamos ser sinceros com a nossa consciência e acima de tudo com esta Divina Umbanda e de onde esperamos sempre receber as graças dos Orixás. Ao responder o quesito sobre "Religião", necessário se torna que cada um, – sem vacilações e sem covardia moral – escreva a palavra "umbandista"!

Nada de "deista", "cristão", "espiritualista" ou "espiritista". – Nada de tangentes para fugir à divulgação sincera daquilo que se é de fato na prática de um culto religioso.

Hoje já sabe quantos espíritas, quantos católicos, quantos

protestantes, quantos budistas, quantos israelitas existem no Brasil – Só não se sabe quantos umbandistas, por culpa exclusiva daqueles que frequentam e que praticam a religião dos simples e que por vaidade ou falta de personalidade se escudam por detrás de outras religiões mais famosas a que gozam de pompa e poder.

Sejamos sinceros conosco, em um exame de consciência e sinceros com Oxalá! Escrevam sem temor "umbandista" e saravá Umbanda.

(Este artigo deve ser lido pelos chefes de terreiro aos seus filhos de fé e frequentadores, como inicio de uma campanha orientadora).

II Congresso de Umbanda quer codificar doutrina

A Noite, 17 de julho de 1961, n. 15782

Sob os auspícios do Colegiado Espiritualista Cruzeiro do Sul, as agremiações integradas no Movimento Umbandista do Brasil, instalaram, ontem à tarde, no Maracanãzinho, o II Congresso Brasileiro de Umbanda que deverá ser encerrado a 23 de julho. Delegações de todos os Estados compareceram à inauguração do conclave, em que se cuidará, principalmente, da elaboração da Carta Sinódica, isto é, do Código Orientador, resultando daí, através do conjunto de leis que definirão deveres e responsabilidades, a codificação da doutrina.

Os congressistas fizeram questão de consignar que os cultos afro-aborígenes são de fundo panteísta, mas, em virtude da formação de nosso povo, houve, por motivos históricos, um sincretismo dominante que poderá ser aceito ou refutado com absoluta liberdade de exposição.

Temário

A Comissão Organizadora dos trabalhos, integrada pelo jornalista João de Freitas, pelos senhores Carlos Eduardo Peçanha, Custódio Pereira de Carvalho, Jair Tostes, Conceição Costa e Marcos Vinicius Estrela ficou incumbida de elaborar o temário do certame assim distribuído:

Interpretação histórica e etimológica do vocábulo Umbanda – teogonia aborígene e teogonias africanas – mitologia aborígene e mitologia africana – liturgia aborígene e liturgia africana – ritual aborígene – rituais africanos – analogias teogônicas – similitudes afro-aborígenes – similitudes afro-indo-católico – sincretismo africano – comidas e bebidas rito-litúrgicas – pontos cantados – guias e amuletos – feitiço, sortilégio, encantamento, cabala e magia e outros temas ligados ao credo.

Instalação solene

Os trabalhos foram instalados sob a presidência do Sr. Henrique Landi Junior, assessorado pelos senhores Floriano Fonseca, Fernando Torres, Antônio Pedro Leão, Rodolfo Gonçalves, João de Freitas, Armando Moreira, Jerônimo de Souza, Dionísio de Mello e Silvino José Gonçalves, e tiveram inicio exatamente às 14:30 horas, com a execução do Hino Nacional, dando-se após a apresentação dos congressistas, ocasião em que foram tirados pontos de saudação aos Orixás pelo corpo coral.

Foi procedida em seguida a saudação ao Presidente da República, ao Governador do Estado, à imprensa e aos demais convidados pelo Sr. Jurandir dos Santos Lima.

Deputados espíritas

Além das autoridades que compareceram em caráter oficial as solenidades de instalação do congresso Umbandista, estiveram presentes também aquelas filiadas ao credo espírita, destacando-se a presença dos deputados estaduais Átila Nunes Filho (GB) e Moab Caldas (RS), que ocupou a tribuna para saudar os congressistas, conclamando-os a se unirem em um grande movimento de fé em defesa de Umbanda, que só no seu Estado congrega cerca de um milhão e quinhentos mil crentes.

Seguiram-se pela ordem de inscrição diversos oradores procedentes de todas as regiões do país. Após os discursos foram procedidas homenagens póstumas aos membros falecidos da Comissão Organizadora do II Congresso Brasileiro de Umbanda, Almirante Diógenes de Oliveira Dias e o Sr. Narciso Cavalcanti.

No decurso da semana que hoje se inicia as diversas comissões do Congresso estarão reunidas na ABI para tratarem dos assuntos em pauta.

Bispo esteve presente ao encerramento do II Congresso de Umbanda

A Noite, 24 de fevereiro de 1961, n. 15788

Com a presença de delegações de todos os Estados, encerrou-se ontem, no Maracanãzinho, o II Congresso de Umbanda, notando-se enorme afluência dos crentes desse culto e representações de todas as Tendas Espíritas do Estado da Guanabara. O local apresentava um aspecto diferente, já que os presentes vestiam seus uniformes de trabalho nos "centros" e cada representação ostentava o seu estandarte próprio com cores e símbolos de cada instituição.

Os trabalhos tiveram inicio com a palavra do presidente do Congresso, Sr. Henrique Landi (Tenda Fraternidade da Luz), que dizendo falar sob a invocação de Umbanda, deu conta dos objetivos do Congresso que manteve as suas comissões em permanente reunião no auditório da A.B.I. por concessão especial do Sr. Herbert Moses.

Bispo presente

Prestigiando o Congresso de Umbanda, compareceu também ao Maracanãzinho o bispo Dom José Aires, da Igreja Brasileira, que foi recebido calorosamente pelos congressistas, tendo sido convidado a sentar-se à Mesa que presidia os trabalhos.

Dom José dirigiu sua benção aos congressistas e sua presença foi interpretada pelo Sr. Rodolfo Gonçalves, secretario do certame, como um ato de solidariedade religiosa, tendo declarado:

– Umbanda não tem fronteiras. Respeitamos todos os pontos de vista, isto é, fazer o bem ao próximo trabalhando formas de nos respeitarem também. Não somos contra nenhuma filosofia, não temos credo político, nem nos interessam as correntes de opinião internacional. Por isso, estamos à vontade para viver bem com todos aqueles que nos procuram, desde que sejam pessoas boas e imbuídas de intenções dignas. Não somos nem a favor nem contra isto ou aquilo, aquela ou essa doutrina. Queremos, entre nós os homens de boa vontade, venham de onde vierem, desde que comunguem com o nosso ponto de vista, isto é, fazer o bem ao próximo, trabalhando para melhorar as condições de vida da humanidade, principalmente neste momento de conturbação mundial, em que os homens parecem viver dentro de um universo de trevas que poderá conduzi-los para o desastre.

A serviço de Deus

O Sr. Rodolfo Gonçalves encerrou suas palavras dizendo que a Umbanda está a serviço dos desígnios de Deus e que o trabalho dos espíritas, por isso mesmo, é um trabalho abençoado, já que é fruto de uma sincera contrição, de um devotamento à causa dos homens, ao bem estar coletivo, sem almejar qualquer espécie de compensação, ainda mais quando este trabalho tem sido realizado sem alardes, em um silêncio que o enleva e dignifica, afirmando ao concluir.

– A propagação do culto de Umbanda é um fato incontestável. Dia a dia maior numero de crentes prestam seu juramento de fé e desempenham incumbências no serviço de Deus.

Deputados espíritas

Do Congresso participaram inúmeras autoridades, jornalistas e dois parlamentares, os deputados estaduais Átila Nunes Filho e Moab Caldas, respectivamente representantes da Guanabara e do Rio Grande do Sul, sendo que este último representava também a Assembleia de seu Estado.

Como relator de teses falou o jornalista João de Freitas, autor de inúmeros trabalhos sobre o culto umbandista que reportou-se às conclusões adotadas nas deliberações do Congresso, dizendo de sua satisfação em constatar o rendimento do conclave e a presença dos adeptos de sua religião que compareceram ao Maracanãzinho pela ocasião do encerramento e que durante o transcurso dos trabalhos das comissões reunidas na A.B.I., mostraram sempre o maior interesse pelos assuntos em debate.

Em seguida, foi procedida pelo secretario do Congresso, Sr. Rodolfo Gonçalves, a leitura da ata dos trabalhos realizados pelo Congresso, sendo feita, na ocasião, um agradecimento às autoridades, aos congressistas, à imprensa e demais convidados de honra.

Umbandistas vão fundar uma "mazomba" em Magé

A Noite, 8 de fevereiro de 1962, n. 15954

Desde 1950, quando foi fundada a Confederação Espírita Umbandista, agremiação que congrega a maioria dos Centros Espíritas da Guanabara, que os praticantes da seita vêm vivendo na mais completa harmonia. Todos os responsáveis são devidamente registrados na Polícia, bem como as Tendas Espíritas. Todavia, esta paz, que parecia ser duradoura, começa a ser perturbada por elementos gananciosos, que se desligaram ou foram expulsos dos centros após conhecimentos profundos do mito. Agora, por conta própria, mediante paga, trabalham exclusivamente para a pratica do mal. Eles mesmos criaram, então, o que se chama hoje em dia "Quimbanda", cujo nome certo é "Quinganga".

Embora em minoria, os "quingangueiros" declaram-se em greve contra os "umbandistas". Sobre o assunto vários jornais já abrigam manchetes e do assunto procuramos contato com o presidente da Confederação, Tancredo da Silva Pinto, homem tarimbado no assunto e uma espécie de presidente perpétuo da entidade. E ele, por sua vez, recomendou-nos uma "babalorixá" e um "quingangueiro". O que nos disseram sobre o assunto será motivo de uma série de três reportagens, cuja primeira publicamos hoje.

A fala do presidente

– Não pode haver guerra entre a Umbanda e a Quimbanda, aliás o termo certo é Quinganga. Esta ultima não tem infiltração entre as massas, porque se limita a reduzido número de homens e mulheres que tem muito a parte, não mantem "terreiro" e trabalham avulsamente mediante pagamento. Já a Umbanda é completamente diferente, porquanto existem centenas de centros espíritas por aí e todos eles estão registrados aqui na Confederação nas dependências policiais.

Existem milhares ou talvez milhões de crentes em todo o Brasil, e quer dizer da impossibilidade ou mesmo covardia, ante a disparidade de números, haver guerra entre Umbanda e Quinganga, – disse-nos, inicialmente, o Sr. Tancredo da Silva Pinto, presidente da Confederação Espírita Umbandista.

Sacerdote do Lunda Quioquo

E continuou:

– Quingango quer dizer "Sacerdote do Lunda Quioquo", "Quimbanda". Não sei por que cargas d'água passou a ser usado, pelos falsos espíritas, que fazem toda espécie de falcatruas, cobrando preços exorbitantes a incautos que a eles vão à procura de alivio ou com intenção de prejudicar o próximo.

A Umbanda quer dizer unificação de cultos. Neste grupo incluem-se as Tendas Espíritas a nós filiadas. Aqui temos tudo catalogado e devidamente registrado. São homens e mulheres responsáveis, cuja idoneidade moral há anos vem sendo sobejamente provada.

Posso citar, prossegue o Sr. Tancredo, que a falange Nagô, Cambinda, Angola, Jeje, Banguela e mesmo outras, são os guias de Umbanda. Estes são altas divindades e, em hipótese alguma, trabalham para o mal. Muitos confundem o "despacho", cujo nome certo é "ebó", como obra do demônio. Em se tratando de oferecimento partido de umbandista, representa uma dádiva por uma graça recebida ou ser alcançada. Se o oferecimento partir do quingangueiro é perigoso tocar porque se trata de despacho colocado para a prática do mal cujo nome é "bozó".

"Mazomba"[1] será fundada

– Esta mistura muito brevemente terminará pois iremos construir no Parque Recreio D. Pedro II, no quilometro 12 da

1 Escola para formar especialistas em umbandismo.

Estrada Nova, em Magé, a nossa Mazomba de Umbanda do Brasil, Templo Religioso Universitário (Camicita). Nesta futura dependência da Confederação, que no linguajar africano quer dizer Quilombo, república dos pretos, o médium ou cavalo, – pessoa em quem o espírito incorpora-se, iniciará na seita e dali, devidamente capaz, será declarado chefe de terreiro (babalorixá), com autorização de seus superiores hierárquicos para dirigir centros espíritas e ministrar instruções a quem queira seguir a religião.

Os que de lá saírem aptos, sacerdotes, portanto, automaticamente serão registrados pela Confederação e posteriormente reconhecidos pelas autoridades policiais como pessoa capaz e responsável para ministrar ensinamentos umbandisticos. Caso contrário, quem se atrever a iniciar uma Tenda e dela procurar explorar o povo, será imediatamente apontado às autoridades policiais como mistificador. Somente assim faremos uma seleção rigorosa, alijando do nosso meio espertalhões que lançam mão de todos os meios para poder ludibriar os incautos – finalizou o Sr. Tancredo da Silva Pinto.

Geraldo Barroso

Quingangueiro faz mandinga e umbandistas desfazem o mal

A Noite, 13 de fevereiro de 1962, n. 15958

Iniciando uma série de três reportagens sobre a anunciada "guerra" entre umbandistas e quingangueiros, publicamos, anteriormente, as declarações do presidente da confederação Espírita Umbandista, Sr. Tancredo da Silva Pinto. Hoje entramos em contato com Dona Maria de Lourdes, chefe de terreiro, com tenda na Rua Major Fonseca, 51, em São Januário, frequentado por centenas de pessoas: a assistência é inteiramente gratuita. Apenas vez por outra, além de pequeno quadro social, alguém que teve seus males curados, ou de seus familiares, contribuem espontaneamente.

Há anos praticando o bem

Dona Maria de Lourdes há anos ingressou no espiritismo. Desde então optou pela Umbanda. Como primeira etapa passou a desenvolver-se e, em poucos anos era uma médium completa e de "cabeça feita". Médium, no linguajar africano é chamado de cavalo porque o guia espiritual que nele incorpora vem do alto e daí o nome. Já "cabeça feita" quer dizer crente completamente apto a arcar com a responsabilidade de dirigir uma Tenda Espírita porque passou por todas as "obrigações", cerimônias afro-religiosas que cultuem santidades como Xangô (São Jerônimo), Ogum (São Jorge), Oxóssi (São Sebastião), Omulu (São Lázaro), Iemanjá e outros. Estas obrigações são levadas a efeito em vários lugares, como praia, mata virgem, pedreiras e cachoeiras.

Dona Maria de Lourdes

A respeito da propalada "guerra", disse-nos Dona Maria de Lourdes que nada disso existe. O que de fato está acontecendo é uma onda de meia dúzia de falsos espíritas que praticam a Quinganga e usufruem lucros fabulosos na pratica do mal. A prova é que vez por outra estes maus elementos estão às voltas com a Polícia porque não possuem e nem podem possuir licença para ministrar ensinamentos a quem quer que seja. Todavia eles podem praticar o mal quando bem entenderem, porque os umbandistas estão aí, aos milhões, para desmanchar qualquer mandinga, feita por estes.

Caridade sem lucros

Conta Dona Maria que seu Centro é imensamente frequentado. São pessoas de todas as classes sociais que procuram no número 51 da Rua Major Fonseca para alivio de seus males. Tanto o seu "guia", como também os dos seus discípulos, há anos vêm confortando enfermos e muitas vezes visitando longínquos lugares na prática do bem.

Disse-nos: – o verdadeiro umbandista não mede sacrifícios quando se trata de salvar uma alma penada e perseguida. Estas pobres criaturas geralmente são as atingidas pelos quinganqueiros. Quando resolvem nos procurar, estão tão carregados (encosto de espíritos maus), que nos dão bastante trabalho. Sempre são curadas e tornam-se, muitas vezes, grandes médiuns e utilíssimos umbandistas. Geralmente ficam agradecidos pelas curas e daí em diante também passem a praticar o bem.

Vários "cabeças feitas"

Perguntamos a Dona Maria se ela já tinha preparado muitos médiuns com "cabeça feita". Respondeu-nos que já perdera a conta. Há tantos anos na seita, não fez outra coisa senão preparar seus discípulos. Muitos estão por aí, praticando o bem sem olhar a quem.

Frisou Dona Maria que tem, como madrinha de Umbanda, milhares de afilhados. Em quase todas as reuniões sempre uma agradecida mãe que e lhe entrega o filho para o batismo umbandista. No mesmo momento é preparado o ritual e logo após os rebentos, independentes do batismo cristão, já muitos espíritas também frequentam igrejas, recebem a benção do Cambinda ou Caboclo da Mata Virgem

Geraldo Barroso

Umbanda começou a construir mazomba

A Noite, 30 de abril de 1962, n. 16019

Com várias solenidades ao ritual de Umbanda, foi lançada ontem, na localidade de Ipiranga, junto à Praia de Mauá, distrito de Magé, a pedra fundamental da Mazomba (Templo Religioso Universitário de Umbanda no Brasil), por iniciativa da Confederação Espírita Umbandista. O ato muito concorrido, contou com a presença de numerosas autoridades cariocas e fluminenses, que prestigiam aquela seita. Antes, na noite de sábado, componentes de vários terreiros da Guanabara e do Estado do Rio reuniram-se no local – uma vasta área doada à CEU – e realizaram sessões em louvor ao acontecimento.

Dia de festa

As solenidades foram iniciadas às 8 horas, com o hasteamento do pavilhão nacional e da bandeira da Confederação Espírita Umbandista, ao som do Hino Nacional. Seguiram-se passeios pelas adjacências, inclusive à Praia de Mauá. Às 15 horas, houve a cerimonia de lançamento da pedra fundamental da futura "Cidade da Umbanda" presenciada por autoridades da Guanabara e do Estado do Rio.

Na ocasião, houve farta distribuição de aluá e, em seguida, numerosos oradores usaram da palavra dizendo do grande significado de acontecimento, para o povo da Umbanda, sempre vítima de combates. Entre os oradores, destacaram-se o Sr. Tancredo da Silva Pinto, presidente da entidade dos umbandistas, que agradeceu em nome dos que adotam aquela seita e o

Sr. Waldemar de Lima Teixeira, Prefeito de Magé, que se disse muito satisfeito em poder contar, em um futuro próximo, com os adeptos da Umbanda reunidos em terras de seu município. As solenidades foram encerradas com a apresentação, pelo engenheiro Artur Leão Feitosa, da maquete da Mazomba.

Noite de trabalhos

Na véspera, isto é, na noite de sábado, vários umbandistas cariocas e fluminenses chegaram, em caminhões, aos terreiros onde será construída a "Cidade da Umbanda". Reunidos em um só grupo, realizaram uma sessão monstro. Ao som de mais duas dezenas de atabaques, cantaram os mais bonitos pontos para que os "guias" dançassem em louvor ao acontecimento. Alta madrugada, enquanto aguardavam o amanhecer do dia para as solenidades de lançamento da pedra fundamental, vários umbandistas seguiram para a praia de Mauá, onde fizeram obrigações.

Umbanda – linhas que se cruzam aos sábados em toda Guanabara

A Noite, 23 de maio de 1962, n. 16038

Os atabaques ressoam nas noites de sexta feira para sábado, acompanhados de cânticos e evocações. Não existe preconceito algum. Todos se igualam. Pretos e brancos estão no mesmo nível. E não se exige ficha religiosa para o ingresso no terreno. Basta respeitar – é o que precisa, mesmo que o motivo da presença seja só curiosidade. Nas noites de sábado, em toda Guanabara, ressoam os atabaques. Em Copacabana ou Leblon. Na Pedra da Macumba (Recreio dos Bandeirantes), ou longe, em Sepetiba.

Muitos criticam – mas dentre esses quantos não praticam os ritos de Umbanda e festejam São Jorge batizado de Ogum? Quem pode determinar, numericamente, a legião de fiéis de todos os sábados que homenageiam as muitas e muitas linhas existentes?

A verdade é que existe. Basta ouvir, todos os sábados, os atabaques que ressoam...

O centro da cidade e os subúrbios possuem curiosas lojinhas que vendem as imagens e demais objetos necessários a pratica exata da macumba. Figura indispensável em um terreiro, Pai João de Aruanda, de chapéu de palha e cachimbo na boca, em forma de estatueta de barro, é vendido às dúzias nestas casas especializadas. Outras estatuetas muito procuradas – Caboclo das Sete Flechas, Mãe Joana, Iemanjá, Iansã... E o querido São Jorge, São Miguel, Cosme e Damião... e isto, sem falarmos nas representações do terrível Exu, que é figura principal de inúmeros "despachos" de encruzilhada. E, por falarmos em encruzilhada, eis um despacho muito usado: panela de barro, charutos, garrafas de cachaça, velas e níqueis.

Qualquer local

Um terreiro não quer dizer, necessariamente, terra batida. Pode ser organizado até em um apartamento. Vejamos. Uma pequena mesa, velas, bastões de incenso, imagens dos santos, um copo cheio de água, uma garrafa de parati, dois copos vazios para uso do cavalo (pessoa que recebe o caboclo do mar ou da terra). O ambiente não importa. É necessária somente a fé. Importante – não se deve cruzar nem os braços nem as pernas. Por quê? Desrespeito, perturba a sessão. Em alguns casos, deve-se ficar descalço. Não é obrigatório. Enfim, o terreiro existe em qualquer local onde haja crentes. No Leme ou na Pedra de Sepetiba.

Pedras simbólicas

Em uma fila de ônibus, em um baile, em uma reunião grã-fina, na feira, em todos os lugares, enfim quantas e quantas pessoas, mesmo sem saber, usam coisas ligadas à macumba! Por exemplo: um anel, broches, brincos ornados com pedras que tem o seu simbolismo e a sua hierarquia. O berilo é a pedra de Jurema, Deusa das Matas, assim como a Deusa do Mar (Iara) é representada pela safira. No topázio está Tupi, o Deus do Trovão. Anhangá (uma entidade que todos procuram evitar, por ser o Deus da Peste) tem seu símbolo no azeviche. Aimoré é o Deus da Caça e sua pedra é a esmeralda. Assim, nas joias que utilizamos, nos adornos da vaidade, pode ser muito bem que estejamos portando pedras que correspondem à hierarquia das linhas diversas da macumba.

Da mesma forma, tem grande importância as cores e os perfumes. E os seguidores das linhas não podem ignorar o seu significado, as influências que exercem. Eis algumas das cores simbólicas: Jurema, laranja; Anhangá, preto e Iara, azul celeste. Perfumes? Jandira, lírio; Tupi, acácia e Caramuru, violeta. Mais alguns: Jurupari, murta; Urubatã, cravo.

Começo

Para quem deseja se iniciar na religião é preciso atender a determinadas condições. A principal diz respeito à submissão consciente às determinações do chefe do terreiro. Ninguém pode chegar ao ponto de sacerdote se não estiver movido pelo desejo de desenvolver suas faculdades mediúnicas e isso importa em uma série de obrigações até que a entidade domine por completo. Em outras religiões, a obrigação tem o nome de penitência. No caso da Umbanda, pode constar de ramalhetes de rosas brancas, fita de seda azul, sal grosso etc., de acordo com a determinação imposta e respectivo modo de cumpri-la. As oferendas são lançadas na praia ou a beira de um rio, em dia de sol, devendo, porém, o candidato à iniciação observar completo jejum. E então será prometido à Cabocla Iara a sincera adoração e acatamento fiel àquilo que for ordenado pelos guias e o chefe do terreiro.

Este é um ritual muito severo, da importância extraordinária para aqueles que se iniciam na religião que faz soar, todos os sábados, em toda Guanabara e em todos os lugares, a linguagem dos atabaques.

Marta B. Vianna

Centro Espírita Caminheiros da Verdade: praticando o bem e a caridade há 30 anos

A Noite, 15 de junho de 1962, n. 16057

Realizou-se anteontem, no Centro Espírita Caminheiros da Verdade, na Rua Atalaia, no Engenho de Dentro, belíssima solenidade em homenagem à comemoração do 30º aniversário de fundação, sendo festejado o seu padroeiro, Santo Antônio de Pádua. Dentre várias ilustres personalidades compareceram autoridades militares, civis e politicas, em um feliz congraçamento de crenças.

Tendo inicio às 20 horas, o programa constou de entrada das crianças do Lar Antônio de Pádua, Hino Nacional entoado pelo coro do orfanato, prece e abertura, pronunciada pelo Sr. João Carneiro de Almeida, fundador daquela Casa de Caridade, havendo em seguida um discurso do General Jayme Ferreira, entrega de flâmulas comemorativas aos visitantes.

Foi convidado para presidir os trabalhos o deputado Frederico Treita, que agradeceu um eloquente discurso, enaltecendo a meritória obra, que vem sendo realizada por aquela entidade, acolhendo crianças desamparadas no seu orfanato, à custa dos mais ingentes sacrifícios.

Visitante ilustre

Chegou, às 21:30 h, representando os senhores Frederico C. Mello e Vieira de Mello, o vice-presidente de A NOITE, professor Alexandre Dias Filho, figura de destaque no meio religioso brasileiro, sendo recebido por uma salva de palmas. Convidado a participar da mesa dos trabalhos, o representante de nosso jornal e sua comitiva, ouviu atentamente um discurso proferido pelo deputado Paulo Roberto e, em seguida, pediu a palavra.

Referiu-se, em sua pela oratória, a vários aspectos referentes à politica tanto religiosa quanto administrativa, falando especialmente sobre o fato da Igreja Católica não reconhecer o espiritualismo (Umbanda, Quimbanda e outros) de variadas seitas, que contam com cerca de 10 milhões de adeptos no Brasil inteiro, sendo que só no Estado da Guanabara existem oito mil Centros registrados. Criticou os poderes públicos devido ao fato de negarem subvenções a tais entidades que, na sua totalidade, mantem serviços sociais e amparam a população desvalida.

Acentuou, em sua oração, o caso do Centro Espírita Caminheiros da Verdade, que há trinta anos pratica o bem e que, no momento, abriga no Orfanato Lar Antônio de Pádua, 96 crianças, cuja idade varia de três a dezoito anos, educando-as e preparando-as para ganhar honestamente seu sustento. Mantem igualmente um serviço médico-dentário gratuito, uma farmácia e ministra aulas de musica, estudos primários e outros serviços.

Outras personalidades

O deputado Chagas Freitas, também presente à solenidade, falou enaltecendo a obra meritória da instituição aniversariante, dirigida pela Dona Julia Foetzcher. Corroborou as palavras do Dr. Alexandre Dias Filho, dizendo que as verbas prometidas pelo governo, muitas vezes ficam somente no papel. O deputado Frederico Trota encerrou os trabalhos, discursando emocionalmente, referindo-se ao magnifico exemplo dado pelos representantes das diversas religiões que compareceram à festa, inclusive rabinos, numa demonstração, "ao vivo" da coexistência pacifica das mais variadas religiões e credos de caráter eminentemente espiritualista.

Marta B. Vianna

Convidados para conhecer as dependências da Casa, os visitantes percorreram demoradamente suas instalações. Ficaram deslumbrados com a higiene reinante, conforto e a interessante decoração, mobiliário e utensílios. Passaram pelos dormitórios, observando o sono das meninas, bem abrigadas. Indo ao refeitório, depararam com farta mesa guarnecida de frios, sanduiches, peru, leitão com farofa, salgadinhos, doces variados, bolos, refrigerantes, uísque. Foi uma verdadeira ceia de confraternização, tendo sido levantados brindes de saudação à Casa, a seu fundador, à diretoria e ao Dr. Alexandre Dias Filho.

Enquanto isto se assistia a um verdadeiro show, com a participação de amadores e mocinhas do orfanato, que executavam várias peças ao piano, cantaram, dando uma nítida ideia do elevado padrão moral e artístico da educação que recebem no Lar Antônio de Pádua. Na despedida, Dona Júlia solicitou a nosso vice-presidente que fizesse por intermédio de A NOITE, uma campanha visando a aquisição de mais vinte leitos para a Casa.

O Dr. Alexandre Dias Filho concordou e prometeu auxiliá-la o mais rápido possível, achando o pedido justo e necessário. Dona Júlia fez questão de enviar cumprimentos para todos aqueles que trabalham em A NOITE. Terminou dentro de um clima de elevado teor espiritual o trigésimo aniversário do Centro Espírita Caminheiros da Verdade.

Santana - Nanã

A Noite, 26 de julho de 1963, n. 11437

ECOS ESPIRITUALISTAS

UMBANDA - ESPIRITISMO - CULTOS AFROS

Cavalcanti Bandeira

Figura 9: Cabeçalho da coluna semanal de Cavalcanti Bandeira

Transcorre hoje o dia da grande Senhora, o dia de Nanã como é domínio geral da Umbanda neste Estado da Guanabara, e vem generalizando no Brasil.

Sendo a avó de Jesus, é considerada como venerável Orixá do culto pela grandeza do seu perdão aos crentes.

O sincretismo religioso no Brasil tem ocasionado diversos nomes para a Senhora Santana, assim: Nananburoque, no Rio de Janeiro, e na Bahia. Sendo, ainda, Anamburucu, Nanamburucu e Nanã designações comuns, na Bahia e Pernambuco, entretanto nos cultos de origem jeje é chamada de Tobossá, sendo que o nome Boróco, também usado na Bahia, vai deixando o lugar para uma designação mais geral de Nanã.

Quanto ao caso especial da Bahia, é preciso frisar que por vezes chamada de Nanzan Burucu a Nossa Senhora das Candeias, a qual é muito venerada nesta parte do Recôncavo Baiano.

Procuramos mostrar sempre as correspondências sincréticas existentes, nos diversos cultos e lugares em relação aos nomes dos Orixás e Santos pela diversidade das origens e entendimentos, e possam todos encontrar um caminho comum, evitando-se confusões ou pensamentos apressados dos que acham que os outros estão em erro.

Justamente o milagre da Umbanda reside em todos os caminhos se encontram, e compreender que cada grupo guarda, ainda, traços firmes das iniciações de origem diversa, e a cada dia estão polarizando em um denominador comum.

Nos Cultos Afro-Brasileiros, como no Candomblé da Bahia é considerada a mãe de Omulu, a mais velha das divindades da água, sendo as contas brancas, vermelhas e azuis, e dançando nesse ritual com dignidade, levando na mão um eberi.

Saravá a Senhora Santana!

Nos domínios da fé

Este é o título de uma coluna semanal que foi publicada durante muito tempo pelo escritor umbandista Decelso. Em 26 de novembro de 1967, na edição n. 4233, o colunista anunciava o convite para participar de um programa televisivo.

Umbanda na televisão

Agradeço ao bom irmão Lula de Carvalho e Getúlio Macedo a lembrança de meu nome para atuar no programa de Mário Sherman "O Povo, o Show". Não poderia como não posso falar em nome da Umbanda sem consultar aqueles que a dirigem, como Benjamin Figueiredo, Major Domingos dos Santos, Reinaldo Xavier de Almeida, os que dirigem o Movimento da Unificação pró-Religião de Umbanda e ainda os seus divulgadores: Attila Nunes, Boanerges Lavra, Moab Caldas, Geraldo Alves, Antonio Camelo, Guiomar Bussil, J. A. Barbosa, Laudemir de Araújo, Matta e Silva, João de Freitas, Ernesto Mandarino e tantos outros. Que os aproveitadores da popularidade da Religião de Umbanda não se iludam. Podemos, nós, umbandistas, divergir, mas saberemos estar unidos em defesa da Fé, da Família e da Pátria contra a arremetida dos fomentadores de lutas religiosas.

Decelso oscilava nas referências à W. W. da Matta e Silva. Ora realçava as suas obras, ora partia para o ataque. Mestre Yapacani publicou oito obras sobre os aspectos esotéricos da Umbanda. Em seguida escreveu um livro que mostrava o universo dos cultos afro-brasileiros: ***Macumbas e Candomblés na Umbanda***, que incomodou muita gente. Decelso, na sua coluna de 19 de janeiro de 1971, edição n. 5342, não poupou Matta e Silva.

"Não sabemos o porquê: desconhecimento ou má fé contra a Umbanda! Ora são revistas procurando difamar as práticas religiosas da Umbanda, denegri-la, esquecidos ou muito conscientemente sabendo que difamar a Umbanda, como afirmei em programa de televisão, é difamar o Brasil.

No caso da revista paulista esta técnica ficou evidente: denegrir o Brasil. Fazer crer no estrangeiro, que somos um país ultra atrasado, onde a religião é um misto de fetichismo e imoralidade.

Vem o caso do livro de Matta e Silva, para não falarmos em certa reportagem, onde certo ritual – o abô –, completamente reservado, foi montado para efeito publicitário, aparecendo todas as iaôs completamente despidas, nuas. Mas qualquer conhecedor do eró, do ritual, sabe que o abô é reservado. Tanto quando é de iaôs, cabe à ekekerê abomim proceder; em se tratando de iorubês, ao pedigã, ao pai pequeno, logo, como poderia um fotógrafo tirar tal fotografia?

Agora é o Matta e Silva com o livro Macumbas e Candomblés, onde aparece uma fotografia de mulher seminua, afirmando ele ser do ritual. Matta e Silva sabe que está mentindo e comprometendo a editora sobre a qual pesará a responsabilidade de tal publicação.

Está fazendo sucesso o Tonga da Mironga do Kabuletê,[1] cuja tradução para o português dará um grandessíssimo palavrão.

Quando do citado programa de televisão, chamei a atenção para o fato da censura estar omissa, como omissa tem estado em vários programas de televisão, em que a crença popular nos orixás e ridicularizada, fato punível em dispositivo do Código Penal.

Cabe aos órgãos federativos, que devem se entender e agir contra tais abusos, chamar a atenção da censura e aí está o Tata Tancredo da Silva Pinto, fundador da confederação Espírita Umbandista e Congregação Espírita Umbanda Brasileira, sincero conhecedor das mirongas ou milongas da Umbanda a quem caberia dar a última palavra.

Aqui ficamos aguardando a palavra do Tata: a quem cabe a

1 Refrão da musica composta e gravada por Vinicius de Morais e Toquinho.

culpa, ao autor da música ou à censura?

Mais uma vez lembro que não é bem à Umbanda que pretendem ridicularizar, mas ao próprio Brasil. Sim, desejam fazer crer que somos um país atrasadíssimo, onde até a religião é um misto de fetichismo e imoralidade. Com a palavra o Tata Tancredo."

Decelso, na sua coluna de 12 de janeiro de 1971, edição n. 5236, já havia desferido ataque à Matta e Silva:

> Pois bem, Dona Linda mostrou-me o livro de certo autor nosso conhecido. W. W. da Matta e Silva e em meu entender, Matta e Silva ou estava com a cuca avariada ou levou muito gimbo,[2] pois ele escreve bem, porém, neste livro, de certa livraria, excede. O que publica é um atentado aos cultos afro-brasileiros. Serviu-se de alguém, talvez por dinheiro ou... para se deixar fotografar quase nua – a exemplo de certa reportagem, a fim de que Matta e Silva afirmasse ser parte do ritual afro-brasileiro.
>
> Mais faltou com a verdade e ele sabe que mentiu e é indigno que um escritor, de cultos afro-brasileiros, um brasileiro forneça material para os que vivem no exterior pregando contra o Brasil.
>
> Matta: sua obra além de um atentado aos bons costumes, um desrespeito a uma raça – a negra – serve aos inimigos do Brasil. Sua obra pode ser classificada como subversiva, merecendo, portanto, ser retirada do mercado. Encaminhamo-la a um consultor jurídico e o Conselho Estadual da Guanabara do Movimento de Unificação Nacional pró Religião de Umbanda vai dele tomar conhecimento e providenciar a respeito, o Ojó de Egun.

2 Dinheiro.

No Seu Sete da Lira só Deus sabe quem tem fé

A Luta Democrática, 12 de abril de 1971, n. 5308

Decelso

Todos comentam e cada qual tem a sua opinião. E lá fomos nós à Santíssimo a fim de ver, ouvir e aprender o que se faz no longínquo lugarejo, onde, pela total ausência de iluminação e pavimentação, temos, de início, um espetáculo diferente.

Os faróis dos carros oferecem um espetáculo diferente e atraente, é um colar de perolas luminosas flutuando em plena escuridão, é como se fossem as contas de Iemanjá; a poeira dá-nos a visão de um Saara em que uma cavalgada de potros em debandada, no rastro de Exu e a multidão, sem saber para onde vai, caminha, ora devagar, ora apressada, é um autêntico mareado persa ou de Congo, a feira de Angola ou o Mercado de Iemanjá, na Costa da África. Todos gritam todos querem passar, há caminhos para um só carro, e em alguns lugares, quando passa o carro não passa mais ninguém.

Faltando a coexistência, o inferno se instala. Todos querem passar. Confundem-se as imprecações das velhas, com os gritos das crianças; os homens berram todos sem saber mesmo para onde vão, pois todos caminham em busca de algo que ainda é metafísico: fé.

Jesus Cristo

Vinte e duas horas. Carros e gente se acotovelam. É paradoxal dizer-se que carros e gente se acotovelam. Quem duvidar vá lá. Vá comer poeira.

Só uma única vez nos identificamos. Preferimos o anonimato. O repórter precisava ouvir, sentir e compreender a razão que leva sete mil pessoas em busca de uma entidade, Seu Sete da Lira.

Moços, velhos, sadios e aleijados; brancos e pretos. Artistas, pessoas de todas as idades e de todas as classes sociais. Carros de pobre e de rico se confundem no mesmo "estacionamento" e ali unidos por uma fé que os há de salvar – É Seu Sete da Lira quem o afirma: é a fé quem os cura, a mesma linguagem do Dr. Fritz, do famoso Zé Arigó; Artz Kovst de Isaltina.

É nesta hora que após a ordem para que os curimbeiros, ogans, cantores, compositores tomem seus lugares, cantam uma das belas curimbas, em ritmo de musica popular, um dos pontos de Seu Sete da Lira; todos de braços estendidos nos faz lembrar o espetáculo de sempre: Urucânia, Congonhas, Comendador Soares.

Só Deus sabe

Uma multidão compacta, calculadamente, salvo possíveis erros, de sete mil criaturas, ali, como uma nuvem no céu, segundo a canção do sempre jovem Roberto Carlos: "esta multidão, como a nuvem não sabe para onde vai, só quem pode saber, é o Senhor Meu pai.

Seu Sete manda cantar esta canção, onde há mensagem, quase divina, e toda aquela multidão acompanha: Jesus, eu estou aqui.

Gira da umbanda

Revista *Gira de Umbanda*, dezembro de 1972, n. 2

Figura 10: Capa do segundo número da Revista *Gira de Umbanda*, dezembro de 1972, n. 2

Apresentamos neste capítulo o editorial e uma referência sobre a União Espiritista de Umbanda do Brasil e o *Jornal de Umbanda*. Nos dois próximos capítulos reproduzimos matérias sobre as caravanas da fé e Zé Arigó.

Editorial

Aqui estamos com o segundo número da revista GIRA DA UMBANDA. Fomos surpreendidos no número anterior com uma aceitação por parte dos nossos irmãos espiritualistas que, ao mesmo tempo em que nos alegrava, trouxe excesso de trabalho, obrigando nossa equipe a fazer serões que terminavam ao amanhecer. Isto ocorreu devido ao fato de o primeiro número de GIRA DA UMBANDA ter esgotado em apenas três dias, o que nos obrigou a providenciar uma nova tiragem para abastecer as bancas de jornal de todo o Brasil.

Acreditamos que, com o sucesso conseguido, tenha aumentado a nossa responsabilidade, pois agora sabemos do alcance de GIRA DA UMBANDA. Recebemos mensagens das mais distantes cidades de todas as regiões do país. As palavras de estímulo e carinho para com nossa revista anima-nos a continuar com maior vigor na árdua luta de divulgação de doutrinas espiritualistas praticadas por milhões de brasileiros. Continuamos com uma vontade muito grande de acertar. Sabemos que é difícil agradar e satisfazer a todos os gostos ao mesmo tempo. De qualquer forma, confiamos no espírito tolerante de cada leitor, que é mais do que simples leitor: é um amigo e irmão de fé!

Átila Nunes Filho

Decisão importante

A União Espiritista de Umbanda do Brasil realizou a sua última reunião de chefes de terreiro do ano, orientada pelo presidente Floriano Manoel da Fonseca, assessorado pelo vice-presidente, Pedro Miranda e pelo diretor de culto, Antônio Paulo do Santos. Com a presença de numerosos diretores de culto das filiadas, foram abordados vários assuntos, como a manifestação mediúnica em relação a idade do médium, os despachos, as matanças. Romário Ferraz e Campos e Adhemar Augusto de Oliveira foram os principais "relatores" dos temas.

Em conclusão, Floriano declarou que a U.E.U.B. não adota nem aceita o sacrifício de animais, em hipótese alguma. Sobre o assunto, falou o presidente da CEPAJIR, nosso irmão Adhemar, esclarecendo que alguns umbandistas, embora contrários à matança, a aceitam, em casos esporádicos, atendendo à exigência dos espíritos inferiores, em processo de desobsessão. Todavia, esse sistema deve ser abolido e substituído pela doutrinação constante dos obsessores acompanhada de correntes feitas em benefício dos obsedados. Atender ao pedido dessas entidades seria induzi-las a exigir sempre mais.

E o resultado é o que se vê, com raras exceções: a entidade inferior, em lugar de ser dominado, acaba envolvendo a sua vítima e o próprio médium. Logo, em HIPÓTESE ALGUMA, a Umbanda deve recorrer à matança. Usemos, em lugar do sangue, a doutrina e a luz.

(Boletim da TULEF)

Nova direção

O Jornal de Umbanda circulará em dezembro sob nova direção. Com o afastamento de Jorge de Oliveira, que deixou de atender a três convocações da diretoria da U.E.U.B., foi empossado no cargo de redator do órgão oficial da União Espiritista de Umbanda do Brasil, o jornalista Nilo Casaes. Na secretaria, Francisco de Oliveira. Superintendente: Floriano Manoel da Fonseca.

(Boletim *Macaia*)

Figura 11: Solenidade na União Espiritista de Umbanda do Brasil. Fonte: Revista *Gira de Umbanda*, dezembro de 1972, n. 2

As caravanas da fé

Revista *Gira de Umbanda*, dezembro de 1972, n. 2

"No meu governo será garantida até o fim a liberdade de culto!"

Fundadas há muitos anos pelo saudoso líder umbandista Attila Nunes, pai do nosso redator chefe Átila Nunes Filho, as Caravanas da Fé são um grupo de dirigentes de terreiros cariocas, que percorreram milhares de centros anualmente, em uma jornada de fraternidade, união e paz.

As Caravanas da Fé, atualmente compostas por 42 dirigentes, percorrem centros umbandistas na Guanabara e Grande Rio. Sua missão é promover a aproximação entre chefes e médiuns para facilitar o grande trabalho de união da Umbanda. Em 1970 foram visitados cerca de 9.800 tendas umbandistas, das quais mais de 90% passaram a promover por conta própria, o fortalecimento da amizade que deve existir entre médiuns e diretores de culto.

As Caravanas da Fé são ainda responsáveis por um dos mais importantes trabalhos de pesquisa realizados até hoje na Umbanda, trabalho este, que será oportunamente publicado em GIRA DA UMBANDA. Pode-se dizer que a unificação da Umbanda iniciou com o saudoso Attila Nunes e as Caravanas da Fé, em uma época em que eram raras as visitas entre chefes umbandistas.

Hoje

As Caravanas da Fé, desde sua fundação, não admitem que

nenhum de seus membros se envolva em quaisquer tipos de atritos durante as visitas. Conscientizados na sua missão de paz e fraternidade, as Caravanas da Fé conseguiram unir milhares de umbandistas, antes desunidos. Pelo seu trabalho imenso, pela sua obra gigantesca, as Caravanas da Fé ao comparecerem hoje a um centro umbandista, são motivo de prazer e alegria para seus dirigentes, que tem a certeza de que chefes de família, sérios e honrados, acabam de chegar para trazer uma palavra de fé, amor e confiança nos destinos gloriosos da Umbanda.

Homenagem

Pela sua obra incansável, as Caravanas da Fé, que são presididas pelo Deputado Átila Nunes Filho, desde a passagem de seu genitor, foram recebidas pelo Governador do Estado da Guanabara, Dr. Chagas Freitas, em audiência especial, onde foram surpreendidas pelo reconhecimento e gratidão do chefe do Poder Executivo carioca.

Falando em nome das Caravanas da Fé, o Deputado Átila Nunes Filho agradeceu "a paz religiosa existente na Guanabara, garantida pelo Governo do Estado". Lembrou ainda "que há muitos anos isto não ocorria em nosso Estado, o que vem provar não apenas que valeu a pena o esforço dos caravaneiros e umbandistas de um modo geral pela organização e a união da Umbanda".

Chagas

O Governador Chagas Freitas, agradecendo, afirmou que "em meu governo continuarão a igualdade e a liberdade religiosas, pois todos os caminhos levam a Deus". Em seguida, a presidente da Caravana da Fé nº 1, jornalista Bambina Bucci, juntamente com as Yalorixás Yolanda Campos (Caravana da Fé nº 4) e Irene Silva (Caravana da Fé nº 5), passaram às mãos do Governador, uma *corbeille* de rosas para serem entregues posteriormente à sua esposa, Dona Zoé Chagas Freitas. O Chefe do Poder Executivo cumprimentou cada um dos caravaneiros, desejando-lhes mais sucessos na sua luta pelo fortalecimento da Umbanda.

Figura 12: Da esquerda para a direita, O Governador Chagas Freitas entre Atila Nunes Filho e Bambina Bucci. Fonte: Revista *Gira de Umbanda*, dezembro de 1972, n. 2

Figura 13: Bambina Bucci, presidente das Caravanas da Fé, entrega flores para o Governador Chagas Freitas. Fonte: Revista *Gira de Umbanda*, dezembro de 1972, n. 2

Figura 14: Atila Nunes Filho (de terno branco) discursa em nome das Caravanas da Fé. Fonte: Revista *Gira de Umbanda*, dezembro de 1972, n. 2

Figura 15: Atila Nunes Filho (de terno branco) na Caravana da fé no terreiro do Caboclo Sete Flechas de Umbanda, dirigido pela Senhora Luiza Souza. Fonte: Revista *Gira de Umbanda*, dezembro de 1972, n. 2

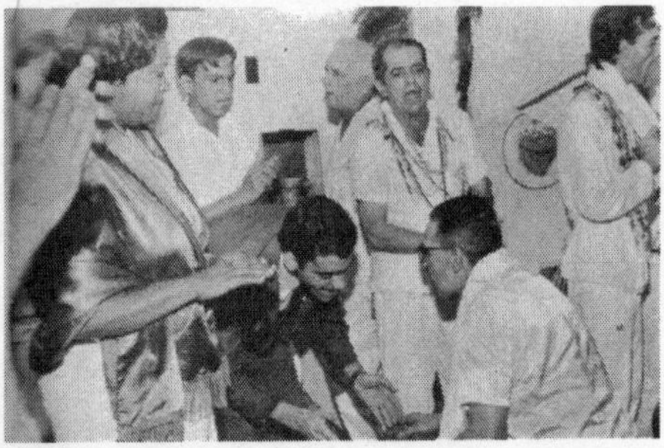

Figura 16: Atila Nunes Filho na Tenda Espírita Caboclo Arranca Toco, dirigido pela Yalorixá Léa Damasco e Guilherme Damasco. Fonte: Revista *Gira de Umbanda*, dezembro de 1972, n. 2

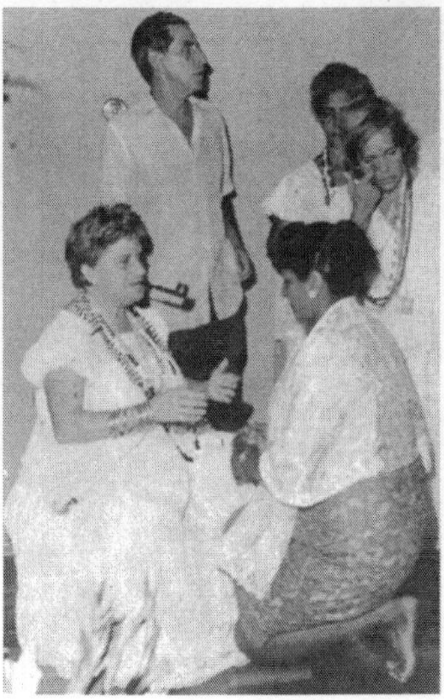

Figura 17: A Ialorixá Anitrebia (Anita), juntamente com seu esposo Waldemiro Freitas, dirigente da Caravana da Fé número 9. Na foto ela cumprimenta Pai Joaquim incorporado na Babá Djanira. Fonte: Revista *Gira de Umbanda*, dezembro de 1972, n. 2

Zé Arigó – culpado ou inocente?

Revista *Gira de Umbanda*, dezembro de 1972, n. 2

Figura 18: Cortejo durante o sepultamento de Zé Arigó (12/01/1971). Fonte: Revista *Gira de Umbanda*, dezembro de 1972, n. 2.

O professor Múcio de Melo Alvares, do Departamento de Educação e Cultura da União Espírita Goiana defende ardorosamente o médium José Pedro de Freitas (Zé Arigó),[1] tragicamente desaparecido há mais de um ano em Minas Gerais, depois de realizar verdadeiros prodígios operatórios.

Contestando a campanha feita contra Arigó depois de sua morte, eis o que diz aquele líder espírita de Goiás:

Dificílimo de reparar a perda que o mundo sofreu.

1 Nasceu em 18 de outubro de 1922 na cidade mineira de Congonhas do Campo e desencarnou em 11 de janeiro de 1971, em um acidente de automóvel na BR 040.

O grande profeta de Congonhas do Campo, José Arigó, retornou à Pátria Espiritual!

Lutas e descanso do médium

Mais de 20 anos contínuos de trabalho, com atendimento a quase três milhões de pessoas das quais, segundo nos informou o guia espiritual do médium, mais de 80 por cento foram beneficiados (as que cumpriram as instruções que receberam e as que tiveram fé e merecimento). Arigó descansou, pois nem na cadeia onde a injustiça e a incompreensão da Terra o colocaram por sete meses, teve qualquer interrupção na sua estafante missão, desde que lhe repontou a mediunidade, em 1950. Nunca teve férias e os únicos doentes e sofredores que estiveram em Congonhas à procura e não tiveram atendimento foram os do expediente da tarde, no dia 11 de janeiro, deste ano, quando o médium desencarnou.

Sofrimentos e morte dos profetas

O fato doloroso se deu através de um desastre.

Não houve necessidade da enfermidade longa, da retenção no leito de dor com o apodrecimento vagaroso do corpo para que se lavassem as nódoas da alma.

O valoroso missionário do Cristo já se achava limpo para desferir o voo rumo a outros planos mais altos da grande casa do Pai que, segundo Jesus, é o Universo com todos os seus mundos, que rolam pelo espaço infinito.

Grandes vultos da humanidade, e, sobretudo os profetas, despediram-se da Terra em circunstâncias mais ou menos idênticas.

Sócrates bebendo cicuta...

Estevão recebendo pedradas...

João Batista, Paulo de Tarso, Tiago, Pedro, Felipe e outros apóstolos, todos eles profetas, de grandes méritos, degolados, assassinados, crucificados...

Savanarola, João Huss, Joana D'Arc e tantos outros morreram banidos nas prisões e nas chamas das fogueiras...

Profetas do progresso social de nossos dias, como Ghandi, Kennedy, Luther King também deixaram a Terra em circunstâncias difíceis.

Jesus Cristo, no alto da Cruz entre ladrões, por vontade do Pai, não é ainda um exemplo e consolo para todos?

É a Lei e as determinações de Deus que se cumprem, não de acordo com os nossos desejos, mas consoante seus sábios desígnios.

Bondade e retidão moral do médium

Há uma face oculta na vida de Arigó que muitos não puderam conhecer: a sua imensa bondade, seu desprendimento das coisas terrenas e sua capacidade incrível de perdoar.

Não falando na caridade que espalhou a mancheias anos a fio por todo o Brasil e até para o estrangeiro, dificilmente encontramos uma família em Congonhas do Campo e nos seus arredores que não tenha sido desta ou daquela maneira beneficiadas por José Arigó.

Inteiramente dedicado ao seu trabalho mediúnico, dando sempre de graça o que de graça recebia, fora dele, dentro dos princípios da retidão moral e da caridade, ajudado pelo alto, tinha extraordinária facilidade para ganhar, para fazer bons negócios e atender a todos que lhe suplicavam socorro e amparo.

Ricos e pobres, cultos e ignorantes, grandes e pequenos, todos que se aproximavam de Arigó receberam a ajuda moral espiritual ou material de que necessitavam.

Não guardava ressentimento de ninguém.

Confessou-nos, sorrindo, certa vez, sua abnegada esposa Dona Arlete: "Professor Múcio, eu não fico mais de cara fechada nem deixo de cumprimentar mais ninguém que calunia e persegue sem nenhuma razão o Zé, pois ele sorri e abraça a quantos encontra e acaba se tornando amigo de todos eles".

O médium José Arigó nunca teve qualquer vício. Comia pouco, detestava cigarros, bebidas alcoólicas e nem mesmo de brincadeira suportava qualquer espécie de jogo. Mulher, só conheceu uma em sua vida: Dona Arlete de Freitas que com ele teve seis robustos, inteligentes, bons e moralizados filhos.

Admirado e cortejado pelo mundo inteiro, não tinha vaidade, era simples e, muitas vezes cruelmente caluniado, até mesmo por confrades que se diziam espíritas, não sabia o que fosse ódio ou vingança contra ninguém. Profundamente honesto, trabalhador, alegre, otimista, sincero, excelente pai de família, filho, marido, irmão e amigo. Arigó tinha inabalável confiança nos guias espirituais que o assistiam e tudo que lhes acontecia de bom ou de ruim, dizia ser por misericórdia de Jesus, afirmando sempre que "ao Divino Mestre jamais deu mancadas".

Tinha estranho respeito pelo Espiritismo e sempre nutria verdadeira aversão pela mentira, pela fraude, pela mistificação, pelos erros e abusos que falsos médiuns continuamente provocam por toda parte, em nome da Doutrina que ele tanto amou.

Arigó viveu em todo seu apostolado mediúnico, "a religião pura aos olhos de Deus Nosso Pai", de que nos fala o apóstolo Tiago, escrevendo aos judeus da Ásia Menor: – "Socorrer os necessitados em suas tribulações e abster-se das impurezas do mundo".

Mediunidade autêntica e fenômenos maravilhosos

Nós, que durante dez anos, passávamos semanas inteiras de nossas férias escolares, em julho e janeiro, ao lado do médium, dentro do seu humilde consultório mediúnico, em Congonhas do Campo, vimos os mais maravilhosos fenômenos que poucos privilegiados puderam na Terra contemplar: materialização de remédios (sendo um dos beneficiados, em uma dessas ocasiões, o conhecido senador mineiro Dr. Camilo Nogueira da Gama); curas instantâneas de inúmeras enfermidades físicas e espirituais; diagnósticos fantásticos na presença de doentes e a distancia deles, até milhares de quilômetros, diagnósticos confirmados por parentes dos enfermos, médicos presentes ao lado do médium incorporado de exames de laboratório; cirurgias espantosas nos olhos, na cabeça, no ouvido, nos braços, nos pés, nas costas e em órgãos genitais masculinos e femininos sem anestesias ou assepsias e com instrumentos grosseiros, processando-se a homeostase e a cicatrização de tecidos a uma simples ordem sua, sempre dirigida ao Cristo de Deus, pelo Doutor Fritz, um dos médicos desencarnados da grandiosa falange sob a orientação do Aleijadinho e do espírito luminoso de Frei Fabiano de Cristo; conversação fluente em alemão com doentes e médicos estrangeiros; conhecimento da vida íntima e dos segre-

Figura 19: Zé Arigó com Chico Xavier em Congonhas do Campo. Fonte: Revista *Gira de Umbanda*, dezembro de 1972, n. 2.

dos mais ocultos, de todas as pessoas que desfilavam à sua frente ou penetravam no seu consultório mediúnico: Fenômenos de "ionização" com éter no centro espírita, mudança de cor em águas fluidificadas e esterilização com luzes espirituais de vasilhas na pensão humilde e no hotel vizinho ao centro, onde milhares de doentes de todos os tipos se hospedavam (e os pobrezinhos nada pagavam) não havendo nunca uma contaminação sequer, as ocorrências fabulosas entre os doentes como retirada invisível de cigarros das mãos de fumantes, o desaparecimento de receitas, dos bolsos e das bolsas de muitos que eram mal intencionados, identificação de seus propósitos maléficos no consultório e os conselhos que terminavam sempre com assombro e lágrimas dos presentes.

Por esta e outras razões, os cientistas americanos, sob o comando do Dr. A. Puharich, depois de testarem e pesquisarem Arigó, por vários dias consecutivos e em cinco oportunidades diferentes, concluíram que (pelas suas faculdades mediúnicas e pelos dotes de caráter e de coração) era a oitava maravilha do mundo.

A primeira maravilha do mundo

Diante das lágrimas que Arigó enxugou, das provas da imortalidade que ofereceu para o mundo e dos incrédulos que despertou para a vida espiritual, diante de todo o bem que realizou, que valem a velhas Pirâmides do Egito, as Muralhas de Jardins Suspensos da Babilônia, a Estátua de Júpiter, o Colosso de Rodes, o Templo de Diana, o túmulo de Mausolo ou o Farol de Alexandria?

Nós que o conhecemos de perto e vimos apenas pequenina parte do que o grande médium foi e fez, não vacilamos em dizer que ele era não a oitava maravilha do mundo.

E com ele colocaríamos os grandes médiuns dos nossos dias, como Chico Xavier escrevendo e exemplificando o Evangelho. Divaldo Pereira Franco falando e tantos outros que constituem aquela classe de pessoas que Charles Richet, o maior fisiologista do mundo, denominou de "super homens" e de "intermediários maravilhosos" no seu famoso livro "A Grande Esperança", constituindo eles realmente, através de suas faculdades mediúnicas e das revelações transcendentais que operam a grande esperança para o mundo, que atolado no materialismo se encontra à beira do abismo, confirmando também Jesus que afirmou a Pedro ser a mediunidade a pedra sobre a qual edificaria a sua Igreja, trazendo aos homens, quando amadurecerem para o seu cultivo e obediência às suas revelações a paz, a alegria e a felicidade.

Em 1967, as revistas ***Realidade***, ***O Cruzeiro*** e ***Fatos & Fotos*** publicaram reportagens sobre o conhecido médium mineiro Zé Arigó, enaltecendo as "suas maravilhosas" curas e cirurgias espirituais por meio de seu mentor, chamado Dr. Fritz. As vantagens financeiras passaram a envolver o médium, através de milhares de receitas mensais, que implicavam em um maior consumo de medicamentos de determinados laboratórios.

Essas reportagens traziam além da fotografia do Sr. Arigó, um enorme cartaz pregado na parede e que dizia: Espiritismo de Kardec, sim! Umbanda e Macumbas que não curam e causam doenças, não! Nada de Terreiros. Ass: Dr. Fritz.

Vejamos o que dizia Matta e Silva sobre o assunto:

> Que fizeram esses pseudolideres, esses "donos" de Organizações da "cúpula" umbandista, diante disso; Nada! Absolutamente nada! Ficaram a "ignorar", uns cinicamente, outros "inocentemente", semelhante achincalhe. Suportaram tudo, agachados, de quatro pés, silenciosamente. Engoliram a moral umbandista – "com Caboclo, Preto-Velho, Orixá e tudo"... Ah! Fariseus! É por essas e por outras que eles não toleram o tal do Matta e Silva.
>
> E quando surgimos (a convite) num famoso programa de televisão – Show Sem Limite – inicialmente na TV Rio,

depois na TV Tupi – (outubro e novembro de 1967) debatendo vários assuntos, entrando até na polêmica, pois visava sempre elucidar sobre a Umbanda e fizemos a sua defesa, desassombradamente, desafiando duramente o tal Arigó (ou o Dr. Fritz) a que viesse provar aquela indignidade (definindo o que ele entendia por Umbanda), agitando e apaixonando o meio umbandista digno, consciente, sincero, foi o que aceitamos tomar contatos no citado meio.
Nessa circunstância recebemos o apoio direto de alguns irmãos umbandistas, que julgamos dignos, sinceros, assim como o Dr. Henrique Landi e outros, e muito especialmente o digno Deputado Attila Nunes.
Com esse confrade e valoroso umbandista, através de seu programa radiofônico Cânticos de Umbanda – Melodias de Terreiro, pela Rádio Rio de Janeiro, debatemos a questão, em longas entrevistas, intimando os responsáveis para que tirassem dali – do "Gabinete de Curas" do Sr. Arigó – aquela tabuleta, o que foi feito, segundo comunicações e retratações posteriores, por carta e jornais.

Sobre este assunto assim se manifestou *A Luta Democrática*, em 26 de janeiro de 1967, na edição n. 4233:

Arigó contra a Umbanda

Voltam a agitar-se os meios espíritas e umbandistas com declarações contra e a favor de Arigó. Uns afirmam que ele é contra a Umbanda. Espíritas como Nelson Batista de Azevedo e Geraldo Serrado, Geraldo de Aquino, J. A. de Oliveira afirmam que Arigó não é contra a Umbanda e cada um explica a seu modo a presença da PLACA, em que figuram frases contra a Umbanda; o escritor Matta e Silva afirma que Arigó é inimigo da Umbanda; o babalaô Jerônimo afirma que se Arigó não é contra a Umbanda, por que então deixou aquelas placas em seu Centro?

Múcio de Melo Alvares

Federação comemora dia da umbanda

Correio da Manhã, 16 de novembro de 1972, n. 24418

O Dia da Umbanda foi comemorado ontem, porque há 64 anos, na sede da Federação Espírita do Estado do Rio, incorporou pela primeira vez o Caboclo das Sete Encruzilhadas, tendo como "aparelho" o médium Zélio de Moraes, que hoje está com 80 anos.

Segundo a "mãe de santo" Lilia Ribeiro, dirigente do Templo de Umbanda Luz, Esperança e Fraternidade, sediado na Rua Mariz e Barros, foi o Caboclo das Sete Encruzilhadas quem criou esta modalidade mediúnica que passou a chamar-se Umbanda.

– Naquela ocasião, os videntes presentes à reunião em Niterói viram uma entidade jesuíta. Perguntaram então o seu nome e o espírito disse ser o Caboclo das Sete Encruzilhadas. A caracterização de jesuíta deve ter ligação com outra encarnação daquele espírito.

O primeiro templo

No dia imediato à primeira comunicação da entidade, fundou-se o primeiro templo de Umbanda utilizando-se vestes brancas, humildade e caridade e, segundo a Sra. Lilia Ribeiro, o pioneiro espiritual daquela crença no Brasil a definiu como "manifestação do espírito para a caridade". A missão inicial foi de se fundar sete tendas para o culto. O primeiro é a Tenda Nossa Senhora da Piedade, localizada na Rua Dom Gerardo, 51, há mais de meio século e que hoje estará recebendo a visita de Zélio de Moraes, o médium mais velho do Brasil. Na Tenda de Umbanda Luz, Esperança e Fraternidade, realizou-se ontem uma sessão em comemoração ao Dia da Umbanda.

Diz ainda a "mãe de santo" Lilia Ribeiro que "o primeiro médium umbandista do Brasil é um homem destituído de vaidades, com inteligência e sensibilidade fora do comum e que não chegou a conhecer as distrações comuns à juventude do seu tempo, para se dedicar inteiramente às tarefas da caridade, sempre trabalhando para prover o sustento de sua família e jamais aceitando qualquer retribuição aos trabalhos de cura e caridade".

Samaritanas

Ainda em comemoração ao Dia da Umbanda, na sede da União Espiritista de Umbanda do Brasil, foi instalado o Movimento Ordem Primeira das Samaritanas da Umbanda, comparecendo ao ato, como seu patrono, o Juiz Eliezer Rosa e discursando o Professor Afrânio de Oliveira.

Umbanda e candomblés

A Luta Democrática, 30 de abril de 1973, n. 5928

Após quase um mês conseguimos conversar com o Deputado Rossini Lopes e obter as informações que certa leitora nos pediu e aqui vão.

P – Rossini Lopes é umbandista?

R – Muitas são as maneiras e muitos se dizem umbandistas. Uns porque são médiuns, recebem seus guias espirituais; frequentam tendas ou terreiros e alguns são apenas porque gostam de Umbanda, lutam por ela. Não obrigam a ser médiuns, na expressão vulgar do termo, ainda que Kardec afirme que todos somos médiuns com certo grau ou tipo de mediunidade. Matta e Silva discorda. Ora, Rossini Lopes assiste à sessões espíritas de Umbanda desde os sete anos de idade, frequentnado com assiduidade as mesmas sessões.

P – Desde quando ele é umbandista ou apenas fez-se umbandista para fins eleitorais?

R – Parte da pergunta está respondida, mas vai continuar para dizer que sua condição religiosa não teve fins eleitorais, visto que, na condição de Presidente da Assembleia Legislativa, recusou participar de uma procissão de São Jorge, promovida pela Igreja Católica Apostólica Romana, e ao lado do governador, carregar o Pálio, alegando ao Eminente Cardeal sua convicção de Espírita Umbandista. E quantos aí estão que frequentam terreiros, sócios beneméritos de alguns, e que participam de todos os atos religiosos da Igreja, a quem prestam todos os favores, recusando-se a atender os umbandistas.

P – Que já fez Rossini Lopes para atender aos umbandistas?

R – Quando toda a Imprensa escrita, falada e televisiva desencadeou campanha contra a médium Dona Cacilda, aparelho de Seu Sete da Lira, o Deputado Rossini Lopes tomou a iniciativa, na qualidade de um líder autêntico, defender aquela médium e sua Casa de Caridade, e graças aos seus pronunciamentos, o Governo recuou de seus propósitos de fechar aquela Casa de Caridade; e agora mesmo, apresentou projeto (requerimento) à Assembleia, socicitando o título de Cidadão Carioca para o Dr. Armando Cavalcanti Bandeira (será o primeiro umbandista agraciado com esse título); também apresentou indicação para que o nome de João Carneiro de Almeida seja dado a uma Escola Pública, pelo muito que fez aquele líder espírita umbandista pela educação da criança; todos os dirigentes de Umbanda são atendidos com prioridade, no Gabinete do Deputado Rossini Lopes; pessoalmente comparece a todos os centros, tendas ou terreiros para os quais è convidado; tem colaborado em programa de rádio e outros órgãos de divulgação da Umbanda; acaba de solicitar a colocação de sinal luminoso em frente à Tenda Mirim para proteção de médiuns e frequentadores daquela Casa de Caridade dirigida por Benjamin Figueiredo; seu Colégio. Nossa Senhora do Brasil na Penha, tem aberto suas portas para Giras de Confraternização e agora mesmo colocou o mesmo ao dispor do Terceiro Congresso Brasileiro de Umbanda.

P – Como o Deputado Rossini entende a Umbanda?

R – Como religião de amor, de caridade, de fraternidade. Por isso se manifesta contrario a certas práticas não identificadas com a Umbanda tais como: despachos em encruzilhadas, com garrafas quebradas, as quais, além de comprometer o bom nome da Religião Espírita Cristã de Umbanda, poem em perigo, especialmente crianças, que andam descalças; apela ainda aos irmãos de fé que mantenham praias e cachoeiras limpas, não quebrem garrafas, colocando ali apenas os liquidos quando de suas obrigações. É pela unificaçáo da Religião Espírita de Umbanda; faz sincero apelo para a que os umbandistas pratiquem todos os atos sociais: casamentos, batizados etc. em suas tendas, dentro do ritual da Umbanda; é contrário à cobranças, pois defende o principio de Zélio e tantos outros eminentes umbandistas: Dar de graça o que se recebe.

Para Rossini Lopes a Umbanda há de ser unida, forte, codificada e destarte ser a Religião mais forte do Brasil, querida e respeitada por todos.

Celso Rosa (Decelso)

Mensagem póstuma de Zélio de Moraes

O conteúdo de nossas mentes é o que trazemos ao mundo que nos cerca, ao mundo de cada um, e que nos acompanha.

Agora, mais do que nunca, eu compreendo a palavra do Cristo: "Bem aventurados os puros de coração". Sim, verdadeiramente felizes são os que não enxergam tristezas, os que não veem motivos para desanimar, os que não prejudicam a ninguém com seu julgamento. Esses são felizes.

Nós outros, que queremos seguir outras trilhas: A da justiça com as próprias mãos; A do julgamento segundo nossa própria bitola da vida; A justiça segundo «nossas» verdades; nós nos deparamos com o reflexo de tudo isto num grande espelho onde se refletem nossas ansiedades injustificadas, que reduzem a vitalidade do corpo e aprisiona o espírito.

A vida após a morte não deveria ser espetáculo de surpresas para quem trabalhou anos a fio na mediunidade.

Servindo de ponte entre espíritos e homens, passamos grande parte fazendo e pouco tempo pensando, aproveitando os ensinamentos, e conversando com aqueles que estão ao nosso lado em silêncio, mas são muitas vezes detentores de muitas verdades, não as «nossas» verdades, mas ensinamentos que devem ser compartilhados.

Até hoje não me pediram a palavra. Respeitei o não pedido. Mas agora que o fazem, deixem-me alertá-los: Conversem mais entre vocês – espíritas cristãos. Vivam mais em alegria de confraternização e não em disputa de quem é maior e melhor. Aos olhos de Deus somos filhos e iguais.

Fazem-nos constantemente vingadores de uma causa que não é a mais justa: nosso amor próprio e ferido.

Temos que ser tão superiores de modo a que o nosso amor amorteça as pedradas, e retornemos ao ofensor amando.

É necessário aprender na escola da vida, sabendo humildemente absorver problemas, transformando-os em exemplos edificantes de resgate de dívidas.

Meus filhos, que eu poderia dizer-lhes mais do que se amem e se compreendam, para que a par de toda a cultura espiritualista de que são detentores, não lhes sejam cobrados minutos de atenção e gentileza ao amigo ou à criança que sofre.

Deus seja louvado!

Que adianta trabalhar vinte anos se em um minuto nos negarmos a calar e escutar com carinho e paciência aqueles que nos procuram, por certo com carência, por necessidade de amor?

Abraços do sempre amigo,
Zélio de Moraes

Mensagem psicografada na Tenda Espírita Nossa Senhora da Piedade.

Publicado em: *http://ahistoriadaumbanda.blogspot.com.br*

Desvirtuamento

Jornal *Na Gira de Umbanda*, 1976, nº 6

No crescimento religioso que, a partir de 1930, tomou ainda menor vulto, nem todos os dirigentes souberam manter-se na função de missionários da espiritualidade. A vaidade, a intolerância, as tentações que a "vil moeda", como dizia o Caboclo, exerce sobre o homem, são as principais responsáveis pelo grande número de templos que usam o nome de Umbanda - pela vibratória interna do vocábulo - sem contudo, seguirem as normas estabelecidas pela entidade, desrespeitando a verdadeira Codificação elaborada em longos meses de estudo e trabalho prático. Nem todos souberam manter o ***slogan***: ***A Umbanda é a manifestação do espírito para a caridade***. Em consequência, o modesto uniforme branco deu lugar a vestimentas vistosas, com rendas e lamês de alto custo sugerindo luxo e estabelecendo indevidamente diferença econômica entre os membros de uma comunidade religiosa.

A presença dos Caboclos deixou de objetivar exclusivamente a prática da caridade, para constituir uma reunião festiva, e o conceito "dai de graça o que de graça recebes" ficou no esquecimento substituído que foi pelos cartazes que estipulam preços para "consulta" de Pretos Velhos, Exus e das "Ciganas".

A magia que o Caboclo das Sete Encruzilhadas e seus auxiliares espirituais incorporados em médiuns cônscios de sua responsabilidade, praticavam para curar, retirar obsessores, encaminhar os desviados da trilha do amor fraterno e da Caridade, deu lugar à magia terra-a-terra regada a sangue e movida por dinheiro.

Umbanda cresceu e difundiu-se. Milhares de templos cumprem a sua missão de caridade espiritual. Outros – em número considerável, infelizmente – desvirtuam-na.

A Aliança Umbandista do Estado do Rio de Janeiro – a ALUERJ, porém, confiante no futuro de progresso e paz que aguarda as gerações vindouras, espera reerguer, em toda a sua pujança os conceitos que, há pouco mais de meio século, implantaram em nosso País e Religião de Umbanda.

Lilia Ribeiro

A deturpação

Jornal *Na Gira de Umbanda*, 1976, nº 6

Em fins do século passado, o culto africano deturpara-se. A introdução de elementos de outras crenças gerou confusão. A magia dos velhos africanos transmitida através de gerações foi colocada a serviço de interesses pessoais e passou a constituir fonte de renda. Tudo se fazia para o bem ou para o mal, em troca de retribuição monetária. E, logicamente, trabalhava-se de preferência para o mal, porque – bem o sabemos e é triste reconhecê-lo – é mais fácil pagar para prejudicar o próximo do que em benefício de alguém. Mais facilmente o ser humano gasta para satisfazer uma vaidade ou concretizar uma vingança do que para salvar uma vida...

Nessa base, multiplicavam-se os locais onde se pagava para prejudicar o inimigo, destruir lares, conquistar o que pertencia a outros. E, querendo aumentar o rendimento dos trabalhos, os feiticeiros criavam novos elementos para suas magias: objetos os mais curiosos, animais e aves inocentes, sacrificados para qualquer finalidade, obedecendo aos objetivos primordiais: enriquecer o mago e seus companheiros; "derrubar" -- termo ainda hoje muito usado em certos ambientes – os que não se curvavam ante os seus poderes negativos ou pretendiam fazer-lhes concorrência.

Os mentores do plano astral, porém, há muito estavam atentos ao que se passava, sentando as bases de um movimento que pudesse combater a magia negativa que se propagava assustadoramente, envolvendo todos os grupos sociais: os mais humildes, amedrontados e os poderosos pagando para alcançarem sorrateiramente os seus objetivos inconfessáveis.

Arregimentaram-se espíritos trabalhadores que se destinavam a restabelecer a doutrina da fraternidade e do amor ao próximo; deveriam apresentar-se sob formas capazes de serem aceitas e compreendidas pelo homem do povo, justamente o que se deixava levar com mais facilidade, pelas promessas ilusórias dos feiticeiros.

Formaram-se desse modo as falanges de Caboclos e Pretos Velhos. De início aproximaram-se das sessões espíritas identificando-se sob essas formas, eram tidos como espíritos atrasados e suas mensagens não mereciam nem mesmo uma análise. Acercaram-se também dos Candomblés e dos cultos, então denominados baixo espiritismo, macumba. É provável que nestas, como nos Batuques do Rio Grande do Sul, tenham encontrado acolhida, mas para serem envolvidos nos trabalhos de magia negativa, como elementos novos no velho sistema de feitiçaria.

Lilia Ribeiro

E assim nasceu o primeiro terreiro de umbanda

Jornal *Na Gira de Umbanda*, 1976, nº 6

A Umbanda que hoje praticamos é a religião espiritualista, cristã que tem origem nas mais antigas filosofias orientais, fonte inicial de todas as crenças do mundo civilizado – e traz, em sua formação elementos dos cultos africanos e indígenas do espiritismo e do catolicismo.

O culto africano desempenhou papel preponderante na fixação da Umbanda em nosso país, sendo comum ouvir-se dizer que Umbanda foi trazida ao Brasil pelos escravos. Todavia, o testemunho de historiadores nos faz saber que os negros não davam aos seus cultos a denominação de Umbanda. Isso não exclui o papel relevante que a crença africana desempenhou na formação da Umbanda, da qual se constituiu um dos principais alicerces, dando-lhe contribuição primordial os seus Orixás.

É de crer que a raça negra tenha tido a missão de implantar, em nosso país, as bases sobre as quais se havia de erguer a mais brasileira de todas as religiões, já que, para a sua constituição contribuíram as três raças que deram origem ao nosso povo.

O sincretismo

Se o africano nos deu os Orixás, o índio nativo legou à Umbanda os conceitos e as práticas do seu culto; do Espiritismo veio o esclarecimento doutrinário, atualizando as doutrinas milenares do Oriente, reforçando a noção da Reencarnação e da comunicação com os desencarnados. Dizemos reforçando porque esses conceitos já existiam no culto dos nativos que se comunicavam com os seus antepassados através dos pajés.

O catolicismo contribuiu, também de início, por imposição, assimilando o orixá do negro ao santo católico. Com o correr do tempo, os santos integraram-se ao culto umbandista de tal forma que ainda hoje se torna difícil dissociá-los.

A figura de Cristo, introduzida entre os africanos e índios através da palavra dos missionários acentuada por influência do Espiritismo, que tem Jesus como um Mestre, centraliza a Umbanda com a sua doutrina de fraternidade e de amor – o Evangelho.

Aos poucos, o escravo africano assimilou elementos da crença do nativo. A assimilação deu-se principalmente com o grupo Banto. Os sudaneses ou nagôs mantiveram-se fiéis às tradições. O índio, por sua vez, passou a aceitar os conceitos religiosos dos negros.

Lilia Ribeiro

Segunda Convenção Nacional do Conselho Nacional Deliberativo da Umbanda

Este evento importante foi realizado entre 25 e 27 de agosto de 1978, no Rio de Janeiro, na sala de Convenções do Hotel Flórida, na Rua Ferreira Viana, 71. Foi organizado pelo CONDU e pela Sociedade Civil do Bem Estar Familiar (BEMFAM) do Rio de Janeiro. Apresentamos a seguir a ata do evento.

ATA

1ª PARTE – Dia 26 de agosto de 1978

Aos 25 (vinte e cinco) dias do mês de agosto do ano de mil, novecentos e setenta e oito (1978), na sala de Convenções do Hotel Flórida, à Rua Ferreira Viana número 71, instalou-se a Segunda Convenção promovida pelo Conselho Nacional Deliberativo da Umbanda – CONDU, em convênio com a Sociedade Civil Bem-Estar Familiar do Brasil – BEMFAM. Às oito horas trinta minutos, o Conselheiro Geral em exercício, CARLOS ALBERTO DIAS BELLONE, representando a Confederação Umbandista do Paraná abriu os trabalhos ao lado do Dr. GETULIO DE LIMA JUNIOR, representante do Prof. WALTER RODRIGUES, Secretário Executivo da BEMFAM, apresentou os Convencionais, Presidentes, Representantes e Assessores de Entidades-Membro, relacionadas em anexo, os membros da equipe técnica da BEMFAM e da Comissão Organizadora da Convenção.

Em seguida solicitou que os Convencionais indicassem o Presidente da Mesa e Coordenador dos debates. O Conselheiro JOSÉ RAIMUNDO DE CARVALHO (RJ) sugeriu que, em vista do elevado número de Entidades-Membro de São Paulo, a coordenação fosse confiada a um elemento desse Estado. O Conselheiro Geral pediu que a bancada paulista indicasse o Coordenador, o que foi feito, recaindo a escolha no Conselheiro ABRUMOLIO VAINER, representando o Círculo Umbandista do Brasil (SP). Assumindo o cargo, o Conselheiro VAINER declarou que o direito de assumi-lo caberia a J.A. BARBOSA, o decano dos Conselheiros de São Paulo, ausente por motivo de saúde e solicitou a colaboração dos Convencionais, no sentido de conduzirem os debates com harmonia e espírito de fraternidade.

A seguir, atendendo ao pedido do Assessor LUIZ GYLVAN MEIRA, foi entoado o Hino da Umbanda e LUIZ GYLVAN MEIRA pronunciou uma prece, rogando a proteção dos Guias para os trabalhos que se iniciavam. O Conselheiro Geral passou a palavra ao DR. GETULIO DE LIMA JUNIOR, para a saudação da BEMFAM aos convencionais e apresentação da expositora do tema "Planejamento Familiar no Brasil", DRA. FLÓRIDA MARIANA ACIOLI RODRIGUES, Coordenadora do Departamento de Avaliação e Estatística da BEMFAM e Assessora da Federação Nacional das Sociedades Religiosas de Umbanda.

Abertos os debates, o Conselheiro JOSÉ RAIMUNDO DE CARVALHO (Campos-RJ) pronunciou-se favoravelmente ao planejamento familiar, tecendo comentários sobre a situação social da sua cidade e convidou os representantes da BEMFAM a participarem do 5º Encontro Umbandista de Campos dos Goitacazes, promovido pela LICRIUM, nos dias 15,16 e 17 de setembro. O Assessor ASY SGAMBATO (RJ) da Congregação Religiosa Umbandista Brasileira, manifestou-se pessoalmente contrário, como espiritualista, à tese do planejamento familiar. A DRA. FLÓRIDA esclareceu que a tese conta com a adesão de numerosos líderes espiritualistas e sugeriu ao CONDU a criação de uma Comissão para estudar o assunto sob o ponto de vista teológico. O DR. BISNEIR MAIANI representando por procuração a Confederação Umbandista do Paraná, cujo representante titular ocupa no primeiro trimestre o cargo de Conselheiro Geral, indagou se o planejamento familiar não se conflita com a atitude das autoridades e se não compete a estas o desenvolvimento do programa. Respondeu a DRA. FLÓRIDA que nem tudo pode ficar exclusivamente a cargo do Governo.

Aparteou o Conselheiro CELSO ROSA, Presidente da Congregação Religiosa Umbandista Brasileira, dizendo que embora o assunto seja técnico, o Umbandista dele deverá participar, levando em conta que Umbanda é uma religião que se reformula a todo instante, não usando da sofística e sim da realidade do momento. O Conselheiro JERÔNIMO DE SOUZA (RJ) ponderou sobre a necessidade de estudar inicialmente o plano para depois verificar o lado religioso. LUIZ GYLVAN MEIRA (RS), atuando como Assessor da Aliança Umbandista do Estado do Rio de Janeiro, ALUERJ, congratulou-se com a expositora pelo desenvolvimento dado ao tema, embora conserve ressalvas pessoais quanto à limitação de nascimentos. Julga necessário que a BEMFAM assuma também o encargo de orientar e assistir às famílias carentes de recursos. Respondendo a numerosas perguntas que se sucederam, a DRA. FLÓRIDA esclareceu que a BEMFAM dá importância primordial ao livre arbítrio, orientando sobre planejamento familiar, quando solicitada, e mantendo como parte do seu programa, postos de atendimento médico em localidades desprovidas de recursos e conta atualmente com setenta e quatro clínicas em quatorze Estados. Acentua que o Presidente da República, na Conferência de Bucarest, legitimou o programa de planejamento familiar.

O Conselheiro FLORIANO MANOEL DA FONSECA, Presidente da ALUERJ, reportando-se a uma observação sobre o relacionamento dessa tese com a reencarnação, declarou que como umbandista oriundo do Espiritismo de Kardec, não encontra obstáculo entre reencarnação e planejamento familiar e pondera que devemos encarar os fatos com realidade e não com hipocrisia. Aparteou-o o Sr. ARY SGAMBATO dizendo que como seguidor da doutrina de Kardec, considera que a evolução se processa através da reencarnação. Interveio o Conselheiro JOSÉ RAYMUNDO DE CARVALHO (RJ) dizendo que o assunto diz respeito aos espíritas e não aos umbandistas, que também pratica a magia.

Pediu a palavra o Sr. IVAN SIMÃO SAINDENBERG, de

Campinas, SP, convidado da Congregação Religiosa Umbandista Brasileira (RJ), considerando conflitante a tese da BENFAM e o espiritualismo. Reportou-se à população rural, composta necessariamente de famílias numerosas.

O Conselheiro MARNE FRANCO ROSA (RS) formulou várias perguntas sobre os conceitos básicos para a programação da BEMFAM, relativamente à mulher e ao casal. Esclareceu a Dra. FLÓRIDA que a BEMFAM procura sempre harmonizar os conflitos matrimoniais. Procede a uma pesquisa quando a mulher procura orientação para o planejamento familiar e procura orientar de acordo com o livre arbítrio do casal e o problema social que integra. Referem-se às estatísticas sobre mortalidade infantil, nascimento de crianças deficientes e carentes de nutrição, problemas sociais que existe em todos os países, capitalistas ou socialistas. E lembrou que se poderia fazer uma pesquisa da posição dos presentes quanto à constituição da família em face da reencarnação.

O Assessor JOÃO VIEIRA DE BARROS (Cruzeiro – SP) suscitou debate sobre o momento em que se inicia a vida, ou seja, a reencarnação. O plenário participou do debate. O Sr. LORIS LUGHERI, representando a Cruzada Federativa de Umbanda de SP indagou se o planejamento familiar estará incluído nas novas leis de Deus, tendo a Dra. FLÓRIDA sugerido que o aspecto teológico fosse abordado posteriormente. Após o intervalo, prosseguindo na programação, a Dra. FLÓRIDA apresentou o tema "Programas Comunitários do Planejamento Familiar" esclarecendo que o convênio da BEMFAM com os governos estaduais têm como órgão executor as Secretarias de Saúde. Citou o Rio Grande do Norte, onde o Programa atinge atualmente cento e cinquenta (150) municípios. Em localidades de menores recursos, instalam-se os Mini Postos Médicos, com a presença periódica do médico e que são atendidos por elementos locais, devidamente preparados e considerados agente da BEMFAM. Problemas de maior gravidade são levados à coordenação e ao supervisor regional e, quando o caso o exige, ao próprio governo estadual. Outros Estados como Pernambuco, Paraíba, Alagoas e região norte do Paraná desenvolvem amplamente o Programa, registrando o atendimento médio de 12 a 14 mil clientes.

O Conselheiro FLÁVIO ANTONIO DE SOUZA NICOLINO (SC) pediu pormenores sobre a localização dos Postos. O Dr. BISNEIR MAIANI perguntou por que o Programa não se desenvolve nas grandes cidades. A Dra. FLÓRIDA expôs as dificuldades que se apresentam à implantação de campanhas nos grandes centros urbanos. Foram projetados filmes focalizando as instalações da BEMFAM em várias localidades do interior, finalizando a primeira parte da programação desse dia, às 12h30min.

A segunda parte iniciou-se ás 14 horas. O Conselheiro ABRUMOLIO VAINER solicitou que os Convencionais nomeassem uma Comissão para anotações necessárias à elaboração das conclusões finais. O Conselheiro JERÔNIMO DE SOUZA sugeriu que se fizessem as indicações no intervalo para não retardar o cumprimento da programação.

Presidente da Mesa convidou o Sr. ARY SGAMBATO para fazer as anotações até a constituição da Comissão referida. Por solicitação da Conselheira LILIA RIBEIRO que secretariava a Convenção, o Relatório de Atividades do CONDU foi apresentado pela Dra. FLÓRIDA RODRIGUES e se acha em anexo. Em seguida, o Conselheiro ROSALVO DA CUNHA LEAL (CNEUCAP – RJ) apresentou o primeiro item dos temas doutrinários: "O QUE É UMBANDA" e "FUNDAMENTOS DE UMBANDA".

Reportou-se aos trabalhos aprovados na 1ª Convenção: "ORIGENS E FUTURAS DIRETRIZES DA UMBANDA", anexos aos Anais desta Convenção e precedeu à exposição do tema com o texto elaborado pelo Grupo de Trabalho do CONDU. O Sr. IVAN SIMÃO SAIDEMBERG (Campinas, SP) apoia a tese de que a Umbanda surgiu como uma manifestação do CABOCLO DAS SETE ENCRUZILHADAS, mas que suas raízes são antigas.

O Assessor NEY NERY DOS REIS (CEUCAB-RJ) contesta a antiguidade proposta, declarando que Umbanda nasceu em 1908. ARY SGAMBATO declara aceitar o início da Umbanda com o Caboclo das Sete Encruzilhadas. A Conselheira LILIA RIBEIRO lembra o posicionamento dessa Entidade, que estabeleceu um culto sobre os vários que existiam na época, disciplinando as manifestações desordenadas que se processavam então. A Entidade ocupa a posição correspondente ao Codificador.

O Dr. BISNEIR MAIANI cita o conceito do Primado de Umbanda que define Umbanda como "um conjunto de leis que regem a harmonia do Universo". O Conselheiro JERÔNIMO DE SOUZA indaga se o tema apresentado foi aprovado anteriormente. O Presidente da Mesa esclarece que a tese apresentada foi aprovada anteriormente. O Presidente da Mesa esclarece que a tese aprovada na 1ª Convenção se refere à origem da Umbanda. O tema ora exposto foi elaborado pelo Grupo de Trabalho para ser submetido à Convenção.

O Assessor LUYZ GILVAN MEIRA declara-se filiado à Corrente Astral de Umbanda, deseja ver definido o que é Umbanda e o que são os demais cultos, Candomblé, Catimbó e outros, devendo cada um dos seus cultores ter consciência do próprio conceito religioso.

Declara o Conselheiro FLORIANO MANOEL DA FONSECA que acompanha os conceitos de LILIA RIBEIRO e LUIZ GILVAN MEIRA. Pondera que o PRIMADO DE UMBANDA foi criado por BENJAMIM DE FIGUEIREDO que também descende da Corrente do Caboclo das Sete Encruzilhadas. ARY SGAMBATO aparteia dizendo que se a Entidade se manifestou numa mesa kardecista, os seus seguidores falharam.

O Conselheiro JOSÉ RAIMUNDO DE CARVALHO (RJ) contesta declarando que o índio incorpora numa sessão espírita por simples contingência. LILIA RIBEIRO lembra que a Entidade em sua primeira manifestação, na Federação Espírita de Niterói, declara a sua missão de estabelecer um novo culto que permitisse aos espíritos que se apresentavam como índios e pretos o cumprimento da missão que lhes fora determinada. Estabelece-se diálogo entre JOSÉ RAYMUNDO DE CARVALHO e ARY SGAMBATO, ponderando aquele, que tema é a definição de Umbanda; deve-se louvar o Caboclo das Sete Encruzilhadas, patrono dos trabalhos de Umbanda, mas cumpre definir o que seja Umbanda.

Sugere que se acrescente à definição o conceito do PRIMADO DE UMBANDA e solicita que LUIZ GILVAN MEIRA defina o mediunismo. O Presidente da Mesa observa que a solicitação é válida, embora não seja oportuna; todavia, concede o tempo ao Assessor da ALUERJ para atender ao pedido.

LUIZ GYLVAN MEIRA explica que mediunismo corresponde à ação individual do médium. E Umbanda é mediunismo. O Conselheiro ROSALVO DA CUNHA LEAL, relator do item em debate, refere-se que a relação dos itens a serem estudados foi previamente enviada às Entidades-membro do CONDU para subsídios ao Grupo de Trabalho e que a maioria delas se omitiu, opondo-se neste momento ao tema relatado. O Sr. JOÃO VIEIRA DE BARROS (SP) declara que não há oposição e sim debate.

O Assessor NEY NERY DOS REIS (CEUCAB-RJ) sugere a substituição do texto.

O Conselheiro ABRUMOLIO VAINER recusa aceitar que o trabalho elaborado seja considerado sem validade. Intervém a Dra. FLÓRIDA ACIOLI RODRIGUES, Assessora da Federação Nacional das Sociedades Religiosas de Umbanda, ponderando que todos concordam nos conceitos – é apenas uma questão semântica e sugere que os opositores apresentem um texto para estudo.

O Presidente da Mesa pede que sejam indicados cinco Convencionais para a elaboração final do texto. O plenário indica NEY NERI DOS REIS (RJ), JOAQUIM BRITO DE CARVALHO (SP), LUIZ GILVAN MEIRA (RS), JOÃO VIEIRA DE BARROS (SP) e BISNEIR MAIANI (RJ). Após o intervalo, o Relator da Comissão, LUIZ GYLVAN MEIRA, informa que foram escolhidas 05 (cinco) definições para submeter ao plenário.

Prosseguem os debates. O Conselheiro RAYMUNDO VIRIATO BAPTISTA RODRIGUES (AM) sugere que se proceda à votação. LORIS LUGHERI, em nome da Cruzada de SP considera o texto válido e lhe dá um voto de confiança. GUIOMAR BUSSILI confirma a aprovação da Cruzada de SP.

O Conselheiro JERÔNIMO DE SOUZA (RJ) sugere que se retire do texto "Fundamentos de Umbanda" a denominação "filosofia cristã", substituindo-a por "filosofia religiosa universal". Sucedem os apartes. O Presidente da Mesa pede disciplina nos debates para que todos possam participar e sugere que o Conselheiro CARLOS ALBERTO DIAS BELLONE, membro do Grupo de Trabalho reapresente "Fundamentos de Umbanda". Observa ARY SGAMBATO que a sua contribuição sobre o assunto não foi aproveitada. O Conselheiro BELLONE declara que todos os subsídios foram consultados e aproveitados. LUIZ GILVAN MEIRA propõe que o texto não seja alterado, pois está perfeito; pede aprovação do plenário. Manifestam-se favoráveis à proposição o Conselheiro MARNE FRANCO ROSA e outros Convencionais.

NEY NERY DOS REIS contesta novamente, declarando que fundamentos de Umbanda devem ser mais complexos e acentua que faltam referências às romarias, às sessões. A Conselheira LILIA RIBEIRO observa que esses não são itens de fundamento. O Conselheiro JERÔNIMO DE SOUZA propõe que o tema seja submetido à votação. O Conselheiro CELSO ROSA lembra que está esgotado o tempo concedido pela programação. O Assessor LUIZ GYLVAN MEIRA retira a proposição feita.

O Conselheiro JERÔNIMO DE SOUZA sugere que se proceda a uma primeira votação para retificações posteriores. A Mesa delibera então transferir a votação para o dia seguinte, sendo designada nova Comissão indicada pelo Conselheiro FLORIANO MANOEL DA FONSECA e composta dos Srs. NEY NERY DOS REIS, CARLOS ALBERTO DIAS BELLONI, DEVANIR ALVES PEREIRA (MG), GUIOMAR BUSSILI (SP) e BISNEIR MAIANI e que deverá apresentar a conclusão do trabalho.

Dando prosseguimento à programação foi dada a palavra ao Dr. SEBASTIÃO MARQUES PENA do Conselho de Ética de Umbanda e Candomblé do Estado de São Paulo, relator do tema "Código de Ética". O Dr. BISNEIR MAIANI observou que o trabalho a ser relatado diz respeito a outro Conselho e não ao CONDU. O Conselheiro NIRON FILHO da Ordem Espiritualista Brasileira sugeriu que fosse substituída a referência ao Conselho de Ética de São Paulo no texto em pauta. Dada a complexidade do assunto, não havendo tempo suficiente para ama análise minuciosa, a Mesa sugeriu que designasse uma Comissão para estudo do texto.

A jornalista GUIOMAR BUSSILI da Cruzada Federativa de Umbanda (SP) esclareceu que o trabalho em pauta pertence ao Conselho de Ética de São Paulo, não sendo apresentado por toda a delegação do Estado, pois a Cruzada ainda não o conhece. O Consultor Jurídico do CONDU, Dr. RUBEM TREIGER, ponderou que o "Código de Ética" representa um subsídio a ser apresentado ao Plenário. A seguir foram designados os membros da Comissão: JOSÉ RAYMUNDO DE CARVALHO (RJ), FLÁVIO ANTONIO DE SOUZA NICOLINO (SC), LUIZ GYLVAN MEIRA (RS), PAULO CESAR DOS SANTOS CRUZ (RS) e MOACIR SEBASTIÃO FREIRE (SP), sendo também constituída a Comissão que deverá elaborar as conclusões finais da Convenção: MARNE FRANCO ROSA (RS), JOAQUIM BRITO DE CARVALHO (SP), DJALMA RODRIGUES DA ROCHA (PI), RAYMUNDO VIRIATO BAPTISTA RODRIGUES (AM), FLÓRIDA ACIOLI RODRIGUES, Coordenadora da BEMFAM e LILIA RIBEIRO, Secretária do CONDU.

Ao encerramento dos trabalhos do primeiro dia da Convenção, o Conselheiro JOSÉ RAYMUNDO DE CARVALHO propôs que se fizessem um minuto de silêncio em memória de EDSON NUNES, ex-Conselheiro do CONDU no Estado de Goiás, recentemente desencarnado em condições trágicas. Finalizando, foram entregues os questionários de avaliação. A presente Ata por mim lavrada e que assino, como Secretária da 2ª Convenção Nacional, será assinada pelo Sr. Conselheiro Geral em exercício, CARLOS ALBERTO DIAS BELLONE e pelo Sr. Presidente da Mesa, Conselheiro ABRUMOLIO VAINER

Rio de Janeiro, 25 de agosto de 1978.

Lilia Ribeiro
Carlos Alberto Dias
Bellone Abrumolio Vainer.

2ª PARTE – Dia 26 de agosto de 1978

Aos vinte e seis dias de agosto de mil novecentos e setenta e oito, dando prosseguimento aos trabalhos da Segunda Convenção Nacional promovida pelo CONDU em convênio com a BEMFAM, o Conselheiro Geral em exercício, CARLOS ALBERTO DIAS BELLONE, fez um rápido relatório da visita dos Convencionais à Empresa Jornalística O DIA, tendo sido recebidos pelo seu presidente, Dr. CHAGAS FREITAS; leu a correspondência relativa à Convenção, incluindo um telegrama dos umbandistas de Alagoas, apoiando a participação da BEMFAM nesta Convenção; a seguir, o Conselheiro FLORIANO MANOEL DA FONSECA pronunciou a Prece de Abertura dos Trabalhos e o Presidente da Mesa, Conselheiro ABRUMOLIO VAINER, apresentou os conferencistas, FREI CLARENCIO NEOTT da Igreja Católica e REVERENDO GUILHERME SILVA DA CUNHA, Pastor Evangélico que focalizaram o tema do planejamento familiar face à religião.

Disse FREI CLARÊNCIO que a encíclica HUMANAE VITAE aceita a tese do planejamento familiar: a criação é parte divina, o amor conjugal deve ser total, sendo o sexo apenas elemento passageiro. O REVERENDO GUILHERME SILVA DA CUNHA acentuou que o ponto de encontro entre o Divino e o Humano, JESUS, indica a necessidade de tratarmos bem a matéria física, já que o homem compreende espírito, alma e corpo. Do ponto de vista evangélico, o planejamento familiar é permissível e é um dever de consciência. A explosão demográfica com os problemas que lhe são atinentes, subnutrição, moradia, dirige o conceito de macro família para a micro família.

Passando aos debates, o Sr. ARY SGAMBETO diz que a criação dos filhos deve ser de acordo com a consciência do indivíduo e indaga o motivo das divergências bíblicas. O REVERENDO GUILHERME responde que respeita a consciência individual dentro da paternidade e maternidade responsável e, quanto à Bíblia, temos a liberdade de deixar que o espírito de Deus fale aos nossos corações. JOAQUIM BRITO DE CARVALHO congratula-se com ambos os oradores. Refere-se aos casos de possessão e indaga como é encarado o conceito do planejamento familiar face aos espíritos que vêm ocupar o corpo.

Responde o REVERENDO GUILHERME que o homem possuído pelo espírito de Deus não poderá ser presa de espíritos negativos. Intervém FREI CLARÊNCIO dizendo que, embora se encarem os fatos sob o aspecto da ciência, a religião terá sempre a sua interpretação.

O Conselheiro JOSÉ RAYMUNDO DE CARVALHO congratula-se com a BEMFAM pela apresentação dos oradores e convida-os a comparecerem ao Encontro programado para setembro, em Campos. JOÃO BOSCO DA ROCHA, assessor da FEUCABEPI pergunta como a Igreja Católica encara a Umbanda.

O Conselheiro ABRUMOLIO VAINER observa que a pergunta foge ao assunto em pauta e como presidente da Mesa, não a aceita. O Dr. SEBASTIÃO MARQUES PENA, do Conselho de Ética, SP, indaga se as conceituações dos oradores refletem a linha de conduta das suas Igrejas ou se foram feitas em tese. FREI CLARÊNCIO responde que sob o ponto de vista da Igreja Católica é o conceito de moral em transformação. A Igreja Católica é cristã, portanto diz respeito a todos os campos da cristandade. Procura encontrar campos comuns, embora toda expressão religiosa, no momento, esteja em crise.

O Dr. SEBASTIÃO MARQUES PENA observa que foi dito que nenhum homem é tranquilo; no entanto, na religião umbandista, todos são tranquilos porque têm a liberdade de agir segundo sua consciência. E indaga se o aborto é considerado crime pela Igreja. FREI CLARÊNCIO pondera que não se refere à lei. O homem está acima da lei. O importante é a voz da consciência. Relata sua atuação como religioso em casos que lhe são levados e quando cumpre ajudar a superar a fase difícil.

Sucedem-se apartes sobre o direito de interferir ou não na vida do ser humano. Esclarece FREI CLARÊNCIO que a partir do Tratado de Bucarest, a Igreja considera que a liberdade do casal se condiciona à situação humana. Surgindo restrições aos debates, em vista do horário, a Dra. FLÓRIDA sugere que se prossiga com o tema em pauta. O Conselheiro CELSO ROSA faz uma apelo no sentido de manter harmonia nos debates e acentua que a Dra. FLÓRIDA tem sido um exemplo de equilíbrio; refere-se também como fato de grande importância, à presença de representantes de religiões diferentes num ambiente essencialmente fraterno.

Havendo novos apartes o Conselheiro Geral lembra aos convencionais que estão esquecendo as determinações do Regimento da Convenção, pois os assessores das Entidades-membros estão se manifestando em desacordo com os conceitos emitidos pelos titulares; a palavra deve ser representativa da Entidade.

O Conselheiro ABRUMOLIO VAINER reporta-se ao tema – planejamento familiar face aos aspectos religiosos e solicita a palavra de FREI CLARÊNCIO sobre o início da vida. Diz FREI CLARÊNCIO: o problema não é novo como o é o planejamento familiar. Na filosofia moderna já não se faz tanta diferença entre corpo e alma. O problema é saber que a alma é inserida no corpo. Para a Igreja é o momento em que o feto se torna criatura humana. Sobre as várias teorias existentes, a Igreja não se manifesta oficialmente, porque não tem base científica. O cristão católico pode aceitar a teoria que mais lhe satisfizer. Se considerarmos que a vida começa a partir de certo período, até esse momento o aborto não será considerado crime. O Presidente da Mesa passa a palavra ao pastor evangélico.

O Reverendo GUILHERME diz que sobre o início da vida nada tem a acrescentar às palavras de FREI CLARÊNCIO. O conceito evangélico tende para o criacionismo, deixando liberdade à pesquisa científica. O Conselheiro DJALMA RODRIGUES DA ROCHA, da FEUCABEPI, congratula-se com o CONDU e a BEMFAM pela oportunidade de levar aos irmãos do Nordeste os conceitos expostos pela Convenção. O Presidente da Mesa, Conselheiro ABRUMOLIO VAINER agradece a presença dos religiosos acentuando que os tempos estão chegando, pois com o esclarecimento do homem há condições de todos se reunirem para estudar o assunto sob a égide do Cristo.

Reportando-se à manifestação dos representantes das Entidades-membros, o assessor JOÃO VIEIRA DA ROCHA indaga se todos os convencionais têm credenciais. A Mesa esclarece, de acordo com o Regulamento, que a Secretaria está de posse da documentação e recomenda que seja respeitado o orador, no uso da palavra. O Conselheiro JERONIMO DE SOUZA pondera que, por vezes, há necessidade de entendimento entre os representantes das Entidades, sugerindo uma pausa para deliberações antes dos debates. A Mesa coloca em votação essa proposição que é aprovada. Prosseguindo com a programação, o Dr. JOSÉ LEONÍDIO PEREIRA apresenta o tema "Fisiologia da Reprodução Humana". O assunto, totalmente científico, desperta perguntas dos presentes, sem dar origem a debates.

Encerrando a primeira parte dos trabalhos, o Conselheiro ABRUMOLIO VAINER assinala a presença dos Conselheiros MARTINHO MENDES FERREIRA (RJ), JOSÉ VAREDA E SILVA (SP) E CARLOS LEAL RODRIGUES (PB) que não haviam podido estar presentes á abertura da Convenção. Às quatorze horas iniciou-se a segunda parte dos trabalhos com a apresentação das conclusões da Comissão designada para definir "O que é Umbanda", com base no trabalho apresentado no dia anterior. Foi aprovada a definição a seguir transcrita; "Umbanda é a manifestação divina, culto de caráter místico-religioso, projetado no plano astral do Brasil com o fundamento na Caridade. Uma vibração de Amor, trazida pelas Entidades Espirituais". Passando-se a "Fundamentos de Umbanda", o Conselheiro DEVANIR ALVES PEREIRA (MG) declarou que, embora indicado para a Comissão, não fora procurado pelos demais companheiros designados pelo plenário e não participara do estudo sobre o tema.

O Conselheiro JERÔNIMO DE SOUZA sugere que "Fundamentos de Umbanda" seja aprovado por aclamação. O Dr. BISNEIR MAIANI observa que o trabalho foi aceito, apenas como uma emenda. O Conselheiro Geral CARLOS ALBERTO DIAS BELLONE, que foi o relator do Grupo de Trabalho do CONDU lê o texto. JOÃO VIEIRA DE BARROS (SP) considera-o aprovado.

O Assessor NEY NERY DOS SANTOS apresenta o substitutivo feito pela Comissão. O Conselheiro FLORIANO MANOEL DA FONSECA pondera que não houve reunião, de acordo com a palavra do representante de Minas Gerais, logo não pode existir texto para substituir o anterior.

O Sr. MIRON FILHO (RJ) solicita que os trabalhos sejam suspensos por dez minutos. O Presidente da Mesa concede a pausa e indica nova Comissão para apresentar a conclusão sobre o item em debate, a ser constituída pelos Conselheiros

MARTINHO MENDES FERREIRA, FLORIANO MANOEL DA FONSECA, JERÔNIMO DE SOUZA, MARNE FRANCO ROSA e CARLOS LEAL RODRIGUES.

Dez minutos após é reaberta a sessão. O Conselheiro ABRUMOLIO VAINER convida o Consultor Jurídico Dr. RUBEM TREIGER a participar da Mesa. A Comissão apresenta o texto de "Fundamentos de Umbanda": 1 – A existência de Deus único; 2 – A filosofia religiosa universal; 3 – A existência dos Orixás, entidades evoluídas e sua atuação nos campos vibratórios da Natureza; 4 – A reencarnação; 5 – A Lei de Causa e Efeito; 6 – A existência de outras vidas, de outros Planos e de outras Linhas de Evolução; 7 – A natureza trina do Homem – espírito, alma e corpo; 8 – A Mediunidade; 9 – A manifestação dos Guias Espirituais, ainda em evolução nos Planos intermediários, e que são os mensageiros dos Orixás; 10 – A prática do Bem".

O Assessor ARY SGAMBATO considera contrassenso fazer o estudo de fundamentos da Umbanda que é assunto privativo e secreto. NEY NERY DOS REIS contesta o trabalho da Comissão. O Conselheiro MARTINHO MENDES FERREIRA pondera que a comissão aprovou um texto que poderia ser levado às escolas e facilmente assimilado. O Presidente da Mesa coloca em votação o texto que é aprovado por 26 (vinte e seis) votos, havendo dois em branco.

Prosseguindo o Dr. SEBASTIÃO MARQUES PENA (SP) relator do "Código de Ética" declara que o tema deve ser considerado subsídio, devendo ser retirado da pauta dos trabalhos para estudo posterior. MIRON FILHO sugere que seja designada uma Comissão para estudo do tema. O Presidente da Mesa pondera que o texto deverá ser levado pelos Convencionais às Entidades-membro do CONDU para estudo e sugestões. O Conselheiro CELSO ROSA sugere que a conclusão da Comissão seja acrescentada ao texto e seja ouvido sobre esse item o Consultor Jurídico.

Dando prosseguimento a programação e não sendo atendido pela Mesa em seu pedido para alterar a sequência dos temas, o Conselheiro CELSO ROSA apresenta "Código Litúrgico", prestando homenagem, incialmente, ao escritor JOÃO DE FREITAS, autor da "Carta Sinódica" que lhe serviu de base para a elaboração do Código ora apresentado. Terminada e exposição, foram feitas sugestões para emendas, ficando deliberado quer o "Código Litúrgico" será estudado pelas Entidades-membro, que enviarão sugestões para posterior aprovação.

A seguir, o Assessor LUIZ GILVAN MEIRA apresenta "Classificação de Cultos", dizendo que o primeiro passo deve ser a separação das práticas que usam indevidamente o nome de Umbanda e, em seguida, a diferenciação entre esta e os diversos cultos africanos para que sigam paralelamente, cada qual dentro de suas conceituações. Sugere que sejam designadas duas Comissões, abrangendo as diversas Entidades-membro, a fim de estabelecer normas que esclareçam detalhadamente o que seja Umbanda e o que sejam cultos afros. Ainda nesse item, JOAQUIM AMADO apresenta uma sugestão formulada pela Aliança Umbandista do Estado do Rio de Janeiro – ALUERJ – aprovada em Reunião de Culto da Entidade, para que seja recomendada pelas demais Entidades-membro do CONDU aos Centros filiados, a retirada das imagens classificadas como representativas de Exu e que, em feição demoníaca, correspondendo à representação do mal e das trevas, desvirtuam completamente o verdadeiro conceito de Exu na Umbanda, onde é considerado um trabalhador, auxiliar dos Guias Espirituais.

O Conselheiro EVALDO PINA pede a palavra; lembra a frase de MARTINHO MENDES FERREIRA: "Unir para servir e não misturar para confundir"; lembra, também que todos responderão pelo que fizerem e, ainda mais, pelo que deixarem de fazer. Refere que tendo comunicado a recomendação da ALUERJ a uma das Entidades-membro por ele representadas, o CONSELHO FEDERATIVO DE UMBANDA E DOS CULTOS AFRO BRASILEIROS, do Amazonas, recebeu logo a seguir a informação de que as Tendas filiadas a esse Conselho haviam concordado prontamente em retirar as imagens que nada correspondem ao conceito formado sobre o Exu.

A Conselheira MARIA DO CARMO RODRIGUES QUEIROZ, Presidente da Entidade-membro acima citada, confirmou as palavras do orador relatando a boa acolhida que teve a sugestão da ALUERJ. A Mesa adverte que findou o tempo concedido ao Conselheiro PINA. JOÃO VIEIRA DE BARROS e BISNEIR

MAIANI (RJ) cedem o tempo a que teriam direito para que o Conselheiro EVALDO PINA prossiga na sua exposição. O orador reporta-se às deliberações tomadas no Seminário realizado em Blumenau, SC, em novembro de 1977, sobre o sincretismo religioso e imagens e diferenciação de cultos e rituais.

MIRON FILHO observa que o CONDU congrega federações afro brasileiras e havendo separação entre Umbanda e Candomblé, deverá reestruturar-se. Intervém o Assessor JOSÉ BENISTE para comentar um pronunciamento de LUIZ GYLVAN MEIRA no jornal "Umbanda em Marcha" no qual declara que os cultos africanos estão em decadência. Contesta essa declaração, acentuando que os cultos afro brasileiros estão em franco progresso nos Estados de São Paulo, Rio de Janeiro e Bahia, não havendo possivelmente alcançado esse desenvolvimento no sul do País. E oferece sua colaboração à Comissão que for designada para estudar o assunto. LUIZ GYLVAN MEIRA esclarece que, a seu ver, o Candomblé não se extinguirá, está em decadência apenas em relação ao seu antigo esplendor.

O Conselheiro JOAQUIM BRITO DE CARVALHO (UNITER-SP) observa que a colocação do tema "Umbanda-Candomblé" pode causar espécie, como se existisse conflito entre esses cultos, no mesmo momento em que um sacerdote católico e um pastor evangélico se reúnem aos umbandistas para um debate fraterno. Quanto á decadência dos cultos parece-lhe apenas o início de uma era de renovação. Reporta-se a um artigo publicado em "Tribuna Umbandista" sobre o aparecimento de um novo tipo de culto em virtude de se desvirtuar a doutrina expressa pelo Caboclo das Sete Encruzilhadas. Diz que em São Paulo o Candomblé está passando à frente da Umbanda porque é mais rígido, ao passo que o umbandista se preocupa mais em atacar os outros cultos do que se aperfeiçoar. Sugere que todos apresentem as suas teses e que tudo seja enfaixado sob a denominação de Umbanda, pois ao dar o nome de Umbanda ao novo culto que estabelecia, o Caboclo das Sete Encruzilhadas deu uma nova luz à religião. Cumpre-nos seguir as normas por ele expressas e lutar contra os que pretendem deturpar a Umbanda.

O Conselheiro JOSÉ RAIMUNDO DE CARVALHO diz que

o Brasil sofre mais pela inação dos bons do que pela ação dos maus, e que chegou o momento do CONDU tomar iniciativas e promover a união; lembrou que no governo do Dr. CHAGAS FREITAS muitas realizações em favor da Umbanda não se concretizaram por falta de uma autoridade centralizada para a religião. Pede à Mesa informações sobre o memorando enviado ao Presidente da República. O Conselheiro Geral informa que o documento foi encaminhado ao Ministro da Justiça, tendo sido o CONDU convocado para uma audiência em Brasília.

O Consultor Jurídico Dr. RUBEM TREIGER relata como decorreu o encontro, sendo o CONDU conhecido oficiosamente já que não poderia ter o reconhecimento oficial pela condição leiga do Estado. Acentua que o CONDU pode assumir a posição de órgão líder. É pensamento geral englobar todos os cultos, respeitando a todos em igualdade de condições.

O Conselheiro ALTINO GOMES DA CUNHA, inscrito para falar a seguir, cede o tempo a JOSÉ BENISTE que se reporta à publicação do jornal O GLOBO, focalizando a sugestão de um desconto para sacerdotes junto ao INPS. JOÃO VIEIRA DE BARROS (SP) informa que o sacerdote da Igreja Brasileira desconta na qualidade de autônomo. O Conselheiro CARLOS LEAL RODRIGUES (PB) informa que esse desconto já existe no seu Estado e que a Federação que dirige é que dá autorização para o uso de título de sacerdote.

O Conselheiro JERÔNIMO DE SOUZA teceu comentários sobre o assunto e estende-se sobre os vários cultos e práticas religiosas. O conselheiro MARNE FRANCO ROSA (RS) relata como orientou um movimento pioneiro para a classificação dos cultos na União Santamariense de Umbanda baseando-se nos rituais que adotam.

A seguir o Conselheiro FLORIANO lembra que a Programação inclui mais dois temas. JOÃO VIEIRA DE BARROS sugere prorrogação para a noite, sendo apoiado pela Dra. FLORIDA. Transfere-se para a noite a votação dos temas apresentados pela ALUERJ. Não podendo permanecer no prolongamento dos trabalhos por motivo de saúde, o Dr. RUBEM TREIGER transfere ao Dr. BISNEIR MAIANI o encargo de relatar o tema programado.

Após o intervalo, ao reinício dos trabalhos, o Conselheiro ROSALVO DA CUNHA LEAL pede a palavra para registrar a pesquisa estatística publicada pelo jornal O GLOBO situando Umbanda em segundo lugar entre as religiões no Brasil, com 6,1%, estando o Candomblé com 0,04 %. A seguir o Presidente da Mesa coloca em votação o último tema relatado – a sugestão para a retirada das imagens ditas de Exu. A Dra. FLORIDA ACIOLI RODRIGUES pondera que é necessário usar de muita reflexão e cuidado com a forma de levar a termo a modificação proposta, principalmente pelo impacto que poderá causar junto às camadas populares; deve-se orientar esse procedimento no sentido de não criar aspectos negativos à sua divulgação face ao condicionamento do crente em relação à imagem.

O Conselheiro JERÔNIMO DE SOUZA comenta que em épocas passadas houve luta para conservar as imagens; presentemente procede-se a retirada de imagens. O Conselheiro ABRUMOLIO VAINER observa que se trata de uma recomendação e não imposição, devendo-se, além disso, considerar o sentido negativo da imagem que se pretende anular. Face às justificativas de voto que se seguem, o Conselheiro FLORIANO solicita que se defina a votação. Procedendo à apuração a Mesa registra 16 votos a favor da proposição; 8 contra e 5 em branco.

O Conselheiro EVALDO PINA indaga o motivo pelo qual não foi computado o voto da Federação Umbandista de Goiás. A Secretaria informa que essa Entidade Membro não atendeu à convocação do CONDU para esta Convenção. O Conselheiro PINA como representante da Entidade solicita que lhe seja assegurado o direito a voto a não ser que a Federação de Goiás tenha sido excluída do CONDU. A Mesa concede, ficando assim a proposição da ALUERJ aprovada por 17 votos contra 13, sendo 8 contrários e 5 em branco.

Pede a palavra o Dr. SEBASTIÃO MARQUES PENA para em nome dos Convencionais fazer entrega de uma lembrança adquirida por sugestão do Conselheiro FLAVIO NICOLINO (SC) à secretária do CONDU, Lilia Ribeiro. Feita a entrega, prosseguem os trabalhos com a apresentação pelo Dr. BISNEIR TREIGER de um substitutivo ao texto que deveria ser relatado pelo Dr. RUBEM TREIGER. Tendo a mesa alertado para a necessidade de ser apresentado o texto constante da Programação – Estrutura Administrativa – o Dr. MAIANI desistiu da palavra e solicitou que o Conselheiro Geral relatasse o trabalho em pauta, o que foi feito.

O Sr. ARY SGAMBATO pede a palavra para expor o funcionamento de um sistema de arrecadação financeira com base em contribuições individuais de CR$1,00 dos associados de templos filiados às Entidades-membro e apresentou a proposta da CONGREGAÇÃO RELIGIOSA UMBANDISTA DO BRASIL de criação de um Grupo de Trabalho para elaborar um anteprojeto para a reforma do estatuto do CONDU. O Conselheiro MARNE FRANCO ROSA manifestou-se favoravelmente à sugestão apresentada, considerando necessário reestruturar determinados pormenores, como por exemplo, a filiação ao CONDU de Confederações de âmbito nacional; referiu-se à proposta de se estabelecer uma contribuição mínima individual, o que a seu ver, poderia resolver os problemas econômicos das entidades federativas e do CONDU.

O Conselheiro EVALDO PINA pede a palavra e transfere-se ao ROSALVO DA CUNHA LEAL. Este ressalta que a organização do CONDU, por unidades estaduais, em igualdade de condições, não dará resultado positivo, pois uma unidade de milhão de habitantes não poderá ter o mesmo peso em votação que outra com uma população de quinze milhões. Os diferentes Estados não podem ter o mesmo número de entidades federativas. GUIOMAR BUSSILI (SP) indaga se existe lei que obrigue os Templos a se filiarem a uma entidade federativa. O Conselheiro VAINER responde que, havendo organização estabelecida, os próprios templos procurarão filiar-se. O Assessor ARY SGAMBATO sugere a criação de um Grupo de Trabalho. A Dra. FLORIDA sugere que o CONDU entregue o problema a uma Empresa de Consultoria. JOSÉ BENISTE apoia a sugestão.

O Conselheiro EVALDO PINA lembra que foi deliberado pelo CONDU anteriormente, entregar a revisão do estatuto ao Consultor Jurídico. O Conselheiro MARTINHO MENDES FERREIRA declara que a CEUB adotará o sistema de sócios afins em colaboração ao CONDU. A Mesa indica os membros para o Grupo de Trabalho proposto. ARY SGAMBATO, CAR-

LOS ALBERTO DIAS BELLONE, BISNEIR MAIANI, JOSÉ RAIMUNDO DE CARVALHO e PAULO CESAR DOS SANTOS CRUZ e solicita a colaboração de todos. O Conselheiro RAYMUNDO VIRIATO BAPTISTA RODRIGUES faz a entrega da importância de CR$1.000,00 para contribuição para a despesa de Consultoria. O Conselheiro FLORIANO MANOEL DA FONSECA declara que a ALUERJ também contribuirá. O Presidente da Mesa consulta o Dr. BISNEIR MAIANI sobre a contratação de consultoria, sendo a resposta favorável. O Conselheiro CARLOS ALBERTO DIAS BELLONE manifesta-se contrário a essa contratação de vez que existe comissão que está estudando o assunto; pede que, em caso de aprovação, lhe seja concedida demissão da Comissão a que pertence; pondera que todos os companheiros prestaram colaboração gratuitamente e de boa vontade e discorda da sugestão de confiar o mesmo trabalho a profissionais com ônus para o CONDU. Face à concordância com os argumentos do Conselheiro BELLONE, a Mesa delibera deixar o assunto em suspenso, devolve a contribuição do Conselheiro RAYMUNDO (AM) e declara que aguardará sessenta dias a conclusão dos trabalhos da Comissão.

O Conselheiro JOSÉ VAREDA E SILVA (SP) pede a palavra; lembra que os Convencionais presentes são homens de responsabilidade e que estão falhando nos seus propósitos. Reporta-se à atuação fraterna de MOAB CALDAS no Rio Grande do Sul. E indaga se subsiste na presente reunião o espírito de fraternidade desejado. Pede aos Convencionais que aceitem as opiniões adversas e mantenham diálogo e que não se torne a ouvir, durante a Convenção, declarar propósitos de abandonar o posto de trabalho por dissidências. A Mesa agradece a colaboração do Conselheiro VAREDA que também recebe o aplauso dos Convencionais.

A programação prossegue com o tema "Culto de Jurema" em exposição do Conselheiro CARLOS LEAL RODRIGUES (PB). O orador estabelece de início um panorama geral da religiosidade no seu Estado com 4.332 templos em funcionamento, sob a orientação da Federação dos Cultos Africanos que preside. Existe em cada cidade do interior do Estado uma sede da Federação. Em convênio com o Mobral funcionam 22 escolas.

O registro dos Templos – denominação que substitui "terreiro" – é gratuito; nenhum registro ou publicação correspondente no Diário Oficial é feito sem autorização da Federação. Informa o Conselheiro CARLOS LEAL RODRIGUES que acaba de obter idênticas condições legais no Estado de Pernambuco. Refere-se aos programas radiofônicos por ele organizados visando a divulgação doutrinária e que são mantidos não em seu nome, mas como atividade da Federação.

Expõe pormenorizadamente as características do Culto de Jurema e responde às perguntas formuladas sobre o Culto e seus Mestres. BISNEIR MAIANI indaga se o orador considera como Umbanda o Culto de Jurema. CARLOS LEAL responde afirmativamente declarando que não concorda com a divisão de cultos e que a Jurema é também Umbanda porque é manifestação divina. Ao término da exposição, reportando-se ao que acabava de ouvir, o Conselheiro JOSÉ RAIMUNDO DE CARVALHO (RJ) lembra que em outros Estados o índio está muito esquecido e solicita que, paralelamente aos cursos de cultura iorubana, sejam promovidos cursos de língua e cultura tupi-guarani.

A reunião foi encerrada ás 24 horas sendo da mesma lavrada por mim a presente Ata que assino como Secretária da Convenção e que vai assinada pelo Sr. Conselheiro Geral em exercício, CARLOS ALBERTO DIAS BELLONE e pelo Sr. Conselheiro Presidente da Convenção, ABRUMOLIO VAINER: em 26 (vinte e seis) de agosto de mil, novecentos e setenta e oito.

LILIA RIBEIRO, Secretária.

CARLOS ALBERTO DIAS BELLONE, Conselheiro Geral em exercício ABRUMOLIO VAINER, Conselheiro Presidente da Convenção.

3ª PARTE - Dia 27 de agosto de 1978

Rio de Janeiro. Aos vinte e sete dias do mês de agosto de mil, novecentos e setenta e oito, às 8h30m, foram iniciados os trabalhos do terceiro dia da Segunda Convenção Nacional do CONDU, em convênio com a BENFAM. O Conselheiro CARLOS LEAL RODRIGUES (PB) pronunciou a prece inicial. A seguir o doutor THEOGNIS MOREIRA, Coordenador do Departamento Médico e um dos fundadores da BENFAM apresentou o tema "Métodos anticoncepcionais clássicos modernos" que suscitou numerosas perguntas, todas atendidas pelo orador. Fazendo este referência a interpretações dadas pela imprensa em ocasiões análogas, confundindo a opinião pública, foi aparteado pelos jornalistas GUIOMAR BUSSILI e IVAN SAIDEMBERG, esclarecendo então as dúvidas surgidas. O Conselheiro RAYMUNDO VIRIATO BAPTISTA RODRIGUES (AM) apresentou proposição relativa ao planejamento familiar na Amazônia. Reportou-se à expansão territorial da região e ao número reduzido de habitantes, sugerindo que a BENFAM estabelecesse bases de amparo e orientação às famílias numerosas, tendo em vista o problema do seu Estado ser bem diverso do que se apresenta nas regiões nordestinas. A proposição foi acolhida favoravelmente pelos representantes da BENFAM.

Prosseguindo com a Programação, o Prof. MARCIO RUIZ SOBRINHO apresentou o segundo tema do dia: "EDUCAÇÃO EM PLANEJAMENTO FAMILIAR", expondo pormenorizadamente o tema, com auxílio de slides. Esclarecidas pelos expositores as perguntas dos presentes, foi encerrada a exposição dos temas técnicos a cargo da BENFAM. O Presidente da Mesa solicitou então aos membros da Comissão designada para elaborar as conclusões da Convenção se reunissem. Atendendo à determinação da Mesa, retiraram-se do recinto os Conselheiros MARNE FRANCO ROSA (RS), JOAQUIM BRITO DE CARVALHO (SP), DJALMA RODRIGUES DA ROCHA (PI), RAYMUNDO VIRIATO BAPTISTA RODRIGUES (AM), LILIA RIBEIRO e Dra. FLORIDA ACIOLI RODRIGUES.

Assumiu a Secretaria a Sra. MARIA DAS GRAÇAS SANTOS BEVILACQUA. O Presidente da Mesa deu ciência aos Convencionais das proposições a serem submetidas à aprovação do Plenário, sendo: 1 – Moção de congratulações ao Governo do Estado de Pernambuco, pela promulgação da Lei n.º 7.669 de 17 de julho de corrente ano, de autoria do Deputado Edmir Regis, isentando de licença a prática dos cultos afro brasileiros e cujo texto fora encaminhado à Mesa pelo Conselheiro CARLOS LEAL RODRIGUES (PB); 2 – Proposição pelo Conselheiro

CELSO ROSA (RJ) para o envio de um ofício de congratulações à BENFAM pelo êxito da 2ª Convenção do CONDU, em convênio com aquela entidade. Ambas aprovadas por aclamação; 3 – Pedido do Conselheiro JOSÉ RAYMUNDO DE CARVALHO (RJ) para inclusão nos Anais da Convenção de uma publicação do jornal "FOLHA DA MANHÃ" de Campos, em 23 do corrente, sobre a Semana do Folclore, anotado para publicação; 4 – Proposição do Conselheiro CARLOS ALBERTO DIAS BELLONE relativa à realização do Congresso de 1979.

O Plenário aprovou, havendo um voto contrário. O Sr. MIRON FILHO propôs que fosse impressa a relação dos participantes para que os representantes das Entidades-Membro a recebessem com as assinaturas dos presentes. A Mesa comprometeu-se a providenciar, ficando na dependência do tempo disponível para a impressão. A seguir foram acertados pormenores da sessão de encerramento a se realizar às dezessete horas no auditório do Centro Espírita Caminheiros da Verdade. O Plenário indicou para falar em nome da BENFAM, a Dra. FLORIDA ACIOLI RODRIGUES e pelo CONDU o Conselheiro MARNE FRANCO ROSA (RS). O Dr. BISNEIR MAIANI sugeriu que apenas um dos Convencionais usasse da palavra no encerramento pois, tendo em vista o período de campanha eleitoral, algum orador poderia valer-se da oportunidade para falar em política.

O Conselheiro JERÔNIMO DE SOUZA ponderou que foi estabelecido o protocolo de sessão de encerramento e que os casos de última hora devem ficar a critério da Mesa. O Conselheiro Geral lembrou que a Coordenação da cerimônia de encerramento foi confiada a JOSÉ BENISTE e ALTINO GOMES DA CUNHA e deu ciência dos convites expedidos. O Conselheiro JOSÉ VAREDA E SILVA (SP) pediu a palavra, mas, ao iniciar sua exposição, foi aparteado insistentemente pelo Dr. BISNEIR MAIANI, não concluindo a sua exposição.

Retornou à Comissão com o texto das conclusões a ser submetido ao Plenário e que se acha transcrito em anexo. Reassumiu a Secretaria a Conselheira LILIA RIBEIRO. Foram sugeridas algumas emendas ao texto. O Conselheiro CARLOS ALBERTO DIAS BELLONE propôs que fosse excluído o nome de um escrito citado no texto de vez que, seguindo esse critério, deveriam figurar os nomes de todos aqueles cujos subsídios haviam sido aproveitados para os trabalhos da Convenção. A Comissão reformulou o item do texto, excluindo a referência e o Relator da Comissão, Conselheiro MARNE FRANCO DA ROCHA leu o texto final que foi aprovado pelo Plenário.

Às treze horas o Presidente da Mesa Conselheiro ABRUMOLIO VAINER encerrou os trabalhos do terceiro dia da Convenção do CONDU, agradecendo a presença dos Convencionais e a colaboração de todos e a cooperação inestimável da BENFAM.

A presente Ata foi por mim elaborada, como Secretária da Convenção e será assinada pelo Conselheiro Geral em exercício e pelo Presidente da Mesa.

Rio de Janeiro, 27 de agosto de 1978

Lilia Ribeiro, Secretária.

Carlos Alberto Dias Bellone, Conselheiro Geral.

Abrumolio Vainer, Presidente da Mesa.

ENCERRAMENTO. No dia 27 de agosto de 1978, às 17 horas, realizou-se a sessão de encerramento da 2ª Convenção do Conselho Nacional Deliberativo de Umbanda, em convênio com a Sociedade Civil de Bem Estar Familiar no Brasil – BENFAM, presentes os Convencionais, o Presidente e o Diretor de Relações Públicas do Centro Espírita CAMINHEIROS DA VERDADE, Drs. MANOEL JOSÉ DE OLIVEIRA e AFRÂNIO DE OLIVEIRA, o Conselheiro do CECV, DALMO DE TRINDADE REIS, a Dra. FLORIDA MARIANA ACIOLI RODRIGUES, Coordenadora do Departamento de Avaliação e Estatística da BENFAM, o Prof. MÁRCIO RUIZ SCHIAVO, Coordenador do Departamento de Informação e Educação da BENFAM e a Profa. HELOIZA JARDIM da equipe técnica da BENFAM, o Deputado ÁTILA NUNES, a Vereadora BAMBINA BUCCI, representantes de templos umbandistas, jornalistas, radialistas e numerosos convidados. Coordenação de José Beniste e Altino Gomes da Cunha.

Abrindo os trabalhos, foi entoado o Hino da Umbanda e a seguir, o Presidente da Convenção, Conselheiro Abrumolio Vainer apresentou os Convencionais ao plenário e, em nome dos participantes da Convenção, agradeceu a colaboração do Centro Espírita Caminheiros da Verdade em cuja sede se realizava o encerramento do conclave. Em nome do C.E.C.V. falou o Dr. Afrânio de Oliveira que focalizou os aspectos principais da Umbanda no momento atual. A Dra. Florida Acioli Rodrigues, representado o Prof. Walter Rodrigues, Secretário Executivo da BENFAM, fez breve exposição das realizações da entidade. O Conselheiro Geral Carlos Alberto Dias Bellone pronunciou a sua mensagem de encerramento. Nilo Casaes, fotógrafo oficial da Convenção, declamou um poema em homenagem aos Convencionais.

Em nome da Comissão de Coordenação falou Altino Gomes da Cunha. A seguir foi dada a palavra ao Conselheiro Marne Franco Rosa (RS) que relatou as conclusões da Convenção. O Presidente da Mesa deu a palavra ao Conselheiro Átila Nunes que fez um breve histórico do CONDU de cuja fundação participou. Em nome dos Convencionais falou o Conselheiro Carlos Leal Rodrigues (PB). Após a entrega dos Certificados de participação às entidades federativas e aos seus representantes, o Presidente da Mesa solicitou que a Irmã Bambina Bucci pronunciasse as palavras finais do encerramento do conclave.

Saravá Yemanjá

A Luta Democrática, 3 de janeiro de 1979, n. 7709

Vimos através desta coluna, que hoje marca sua estréia neste vespertino, confraternizar-nos com todos os adeptos dos cultos afros, afro-brasileiros e dos cultos ameríndios, isto é, com todos os nossos irmãos do candomblé, do candomblé de caboclo, da umbanda popular e da umbanda esotérica.

Meus irmãos, que a Nossa Sagrada Mãe Yemanjá, elo envolvente de amor e luz, Potência Geradora de todas as coisas. Rainha dos Mares, Senhora das Águas, nos proteja a todos os que a adoramos das mais diversas formas e maneiras.

Que neste ano ainda menino, Ela possa estender o Seu divino Manto sobre todos nós, ainda tão necessitados de entendimento.

Que Ela possa irradiar sobre os nossos lares, o Seu Imenso amor para que possamos mantê-los unidos e com harmonia, nesta época tão confusa e de desintegração.

Que Ela possa estender sobre o nosso caminho, a Sua Imensa Luz, para que possamos percorrer com paz, calma e esperança os tortuosos caminhos da vida.

Que Ela possa, sobretudo, a nós, que vamos bater às portas do Seu Imenso Reino, fazer-nos entender bem, quais os verdadeiros princípios da caridade, fraternidade e solidariedade.

Que todos nós que fomos pedir, possamos ter uma centelha de humildade, e, em um profundo exame de consciência, vejamos se somos realmente merecedores daquilo que formos pedir.

Que analisando os atos do ano que findou, possamos ver se

realmente nos portamos como um devoto filho Seu.

Como nos portamos dentro do lar, para com nossos avós, pais, irmãos, netos, filhos e demais parentes?

De que maneira tratamos todo aquele que cruzou o nosso caminho e que por qualquer dívida do passado nos prejudicou?

O que fizemos pelo ancião e a criança, hoje tão desamparados e necessitados de carinho?

O que demos de nós, àquele que conosco contou e depositou em nós toda a sua esperança?

Será que soubemos ser amigos?

Será que como Pais de Santo, não fizemos mais que nos arvorar em deuses todos poderosos, mais juizes do que conselheiros, e, cheios de empáfia e vaidade, ainda tivemos a pretensão de querer dar aos outros, a luz que não temos nem para nós?

Será que como médiuns ou filhos de santo, oramos e meditamos, escutamos e pensamos o bastante, para poder aconselhar com amor e humildade?

Será que depois de analisarmos os nossos atos, ainda temos coragem de nos intitular-nos como tal? Oh! Divina Mãe da Umbanda, não deixeis de mãos vazias os que a si foram pedir...

Que possais dar àqueles que necessitam, tudo aquilo que merecem e aqueles que merecem, tudo aquilo que necessitam...

Mas, acima de tudo, que todos nós possamos entender e viver dentro da máxima do Cristo, Oxalá da nossa Umbanda. Médico Supremo do corpo e da alma, quando da sua passagem por este conturbado mundo.

Ame-mo-nos uns aos ouros e, que é dando, que nos preparamos para receber.

Feliz 1979.

Mario Thomar

Respeitem a umbanda

A Luta Democrática, 6 de janeiro de 1979, n. 7712

Alguns telefonemas de protesto nos chegaram esta semana, falando sobre o desrespeito ao Culto e às divindades, tanto da Umbanda como do Candomblé.

Faziam menção a um programa de televisão e a um cantor que teve a pretensão de querer apresentar músicas de Candomblé em ritmo de discoteque.

Realmente chegamos a ver o tal programa, que até a esta altura ia agradando a quem gosta do programa, – do apresentador – e do genero.

Tudo ia muito bem, até a hora de aparecer o tal cantor apresentando pontos de Candomblé em ritmo de discoteque. Realmente aquilo constrangeu não só a nós, como a todos os que professam a Relgião Umbandista e o Candomblé. É realmente vergonhoso que uma pessoa que se diz adepto convicto destes cultos, tenha que aturar tão grande desrespeito àquilo que é motivo de sua adoração e devoção. É verdadeiramente constrangedor, saber que pessoas sem o mínimo de escrupulos, façam da crença de milhares de brasileiros, meio de vida, apresentando de uma maneira profana aquilo que, repito, devia ser respeitado.

Nos dias de hoje, custa a acreditar, que tanto a Umbanda como o Candomblé, venham sendo desrespeitados pelos mesmos pobres de espírito que um dia foram a um terreiro pedir ajuda e buscar socorro. É dificil de conceber, que tanto a Umbanda como o Candomblé, que mantém as portas abertas e onde se encontra sempre um pai ou mãe de santo, com o coração aberto, prontos aos corações aflitos, se vejam assim, vulgarizados e profanados muitas vezes até, por aqueles que um dia precisaram e lá foram pedir.

Já é hora destes senhores saberem que devemos respeitar com sinceridade, os Orixás, o culto e seus pontos, razão de fé de milhões de brasileiros.

Nunca é demais lembrar que respeito e vergonha não se compram.

Mario Thomar

Umbanda de todos nós

A Luta Democrática, 5 de fevereiro de 1979, n. 7732

Parte 1

Meus irmãos, hoje trataremos de um assunto que é de grande importância. Escutando a Rádio Globo no dia 31 do mês passado, chamou-nos a atenção a pergunta do dia, anunciada pelo apresentador Horoldo de Andrade. A pergunta era referente à Umbanda.

Perguntava então o ilustre apresentador, se era ou não condenável colocar despachos nos lugares púbïcos, como jardins, praias, encruzilhadas etc., isso, porque um famoso terreiro estava lançando uma campanha de esclarecimento e essa campanha condenava a escolha desses lugares para oferendas. Entre algumas opiniões disparatadas, inclusive a de um representante do clero, que chegou a dizer que a Umbanda não tem fundamento. Pois muito bem, daqui, vamos dar o grito. Pisaram no nosso calo. Em primeiro lugar vamos deixar bem claro o seguinte. O que este terreiro está fazendo e dizendo, não é novidade nenhuma, pois há mais de trinta e cinco anos um umbandista de nome W. W. da Matta e Silva já esclarecia os praticantes umbandistas neste assunto, nos seus livros que são parte de uma obra, "Umbanda de Todos Nós" e "Lições de Umbanda e Quimbanda na palavra de um Preto Velho". Quem quiser ver é só ler.

Portanto, embora não tire o mérito à tenda que começou este movimento, a bem da verdade, somos obrigados a dizer que não estão fazendo mais do que a sua obrigação e ainda aproveitameos para lembrar que não é só para dizer o que não se deve fazer, mas, se souberem, mostrarem como se faz, porque não colocar galo preto etc., nas encruzilhadas de rua, mas colocá-los em outro lugar, dá quase no mesmo. Não é demais lembrar também que Xangô, Ogum, Oxóssi, Oxalá, Yemanjá e outros Orixás, não comem, nem bichos de pena nem de pelo, nem aceitam sangue em suas oferendas. Acrescentamos com a melhor das intenções, que nem Exu aceita esse tipo de coisa. Estamos falando de Exu de Lei, esses que são os verdadeiros Senhores da Noite e que também ussam a encruzilhada como ponto de vibração. Pois é meus irmãos, estes verdadeiros policiais da zona pesada, não aceitam esse tipo de oferenda e tampouco tem nada a aprender com ninguém, e ainda se vê "pai de santo" querendo dar "luz" a Exu. É de rir não é ? Já em se tratando de marginais do astral, a coisa muda de figura. Só para dar uma ideia, falemos um pouco destes.

O marginal do astral, como a própria palavra já diz, não tem escudo nem lei. Para ele tanto faz fazer isto ou aquilo, ele próprio diz que dá com uma e tira com a outra. É fácil vê-los nos catimbós sambando com um copo de marafo na mão, cigarro entre os dentes e dizendo ou expressando-se em palavras de baixo calão.

Parte 2

A Luta Democrática, 18 de fevereiro de 1979, n. 7742

Meus irmãos, um pouco afastados das lides jornalísticas por motivos de doença, eis porque da irregularidade desta coluna.

A correspondência acumulou-se bastante e nós procuramos responder por ordem de necessidade de quem nos escreve, pois não poderia ser de outra maneira. Acreditem que temos missivas até do Amazonas, e isso nos deixa perplexos, pois sabemos que este periódico não chega até lá. Entre os que nos escrevem, estão pessoas que nos perguntam se existe e acreditamos em espiritismo até o que nos consultam em assuntos de magia de Umbanda. Isto é, pessoas totalmente inocentes e pessoas já iniciadas ou então vividas dentro da Umbanda.

Aos primeiros somos obrigados a dizer que se não existisse não acreditaríamos, não praticaríamos. Aos segundos só podemos respoder por carta ou então falar em particular ou ainda dizer que aguardem um pouco mais, pois se ainda não leram algum dos livros do nosso Mestre W. W. da Matta e Silva que tratam exclusivamente de Umbanda e dos seus mistérios inclusive da magia, muito em breve haverá uma ordem iniciática onde poderão, quando não aprender alguma coisa, pelo menos obter respostas ou ainda desfazer ilusões.

Aproveitamos hoje para responder ao irmão de nome Marcelo de Irajá, que nos diz em carta das suas dificuldades e da confusão criada em torno de sua mediunidade e de seus guias.

Meu irmão, creia que não é o único a se queixar de problemas dessa natureza, pois pela nossa humilde cabana tem passado centenas de pessoas com o mesmo mal.

Em primeiro lugar aconselhamos que nos procure pessoalmente aqui na redação, mas se isso não for possível ou por qualquer motivo não o quiser fazer, então preste bem atenção ao que se segue.

A bem da verdade, esclarecemos que nem todo mundo é médium como andam dizendo por aí, os que professam a doutrina dita como kardecista, muito menos médium de Umbanda, onde a coisa é vista de maneira diferente do apregoado. A verdadeira mediunidade na Umbanda, embora haja médiuns em quantidade, é uma qualidade raríssima e valiosa, como a prática nos tem mostrado e tem que ser tratada com cuidados especiais, isto quando a criatura é médium de fato e direito, quando nas palmas de suas mãos aparecem os selos da mediunidade como temos observado em todos aqueles que temos procurado orientar.

Existem criaturas que são extremamente nervosas e que geralmente são confundidas com mediuns. É natural que se estas mesmas criaturas tentarem "receber santo", isto é, tentarem incorporar qualquer entidade, vai ser uma luta tremenda, pois não vão conseguir incorporar nada, por mais esforços que façam eles ou os "pais de santo" que lhes enfiaram esta mentira na cabeça, pois jogo de búzios de viciado também falha... isto quando não falha sempre.

Já para o médium de fato e direito, que é o caso de muitos que nos leem, aconselhamos o livro "Umbanda e o Poder da

Mediunidade" de W. W. da Matta e Silva, eminente escritor e umbandista, onde poderão aprofundar-se no assunto, isto para terem uma ideia, porque ler este ou aquele livro, não vai fazer de ninguem iniciado, mas temos certeza que quando pouco, fará menos um cego ou uma criatura mais cautelosa, porque, como já temos dito, de outras vezes, Umbanda não é nada disso que anda por aí, praticado até por criaturas de classe social elevada e em muitos casos cultas, porque cultura e elevação social não querem dizer sabedoria espiritual e muito menos "ORDENS E DIREITOS DE TRABALHO". Isto sim que é condição ***Sine qua non.***

Mario Thomar

Declaração de Zélia de Moraes e Zilméia de Moraes

Zélia de Moraes Lacerda e Zilméa Moraes da Cunha, filhas de e herdeiras espirituais de Zélio Fernandino de Moraes registraram uma declaração em favor da Casa Branca de Oxalá em 1995.

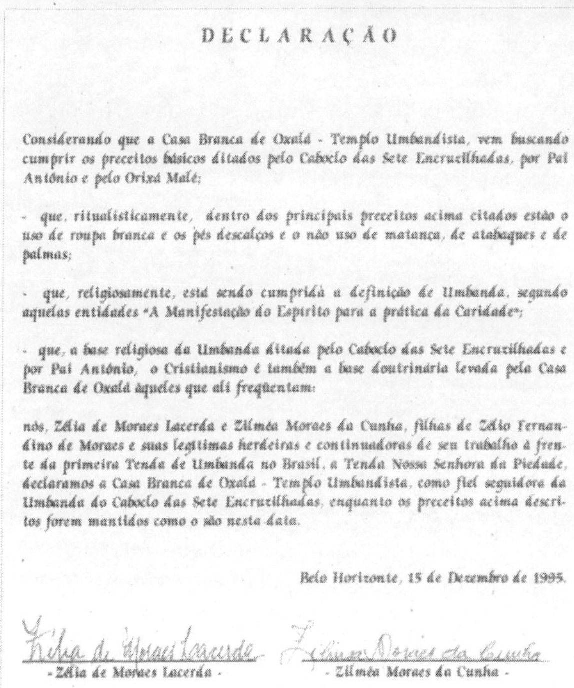

DECLARAÇÃO

Considerando que a Casa Branca de Oxalá - Templo Umbandista, vem buscando cumprir os preceitos básicos ditados pelo Caboclo das Sete Encruzilhadas, por Pai Antônio e pelo Orixá Malé;

- que, ritualisticamente, dentro dos principais preceitos acima citados estão o uso de roupa branca e os pés descalços e o não uso de matança, de atabaques e de palmas;

- que, religiosamente, está sendo cumprida a definição de Umbanda, segundo aquelas entidades "A Manifestação do Espírito para a prática da Caridade";

- que, a base religiosa da Umbanda ditada pelo Caboclo das Sete Encruzilhadas e por Pai Antônio, o Cristianismo é também a base doutrinária levada pela Casa Branca de Oxalá àqueles que ali freqüentam:

nós, Zélia de Moraes Lacerda e Zilméa Moraes da Cunha, filhas de Zélio Fernandino de Moraes e suas legítimas herdeiras e continuadoras de seu trabalho à frente da primeira Tenda de Umbanda no Brasil, a Tenda Nossa Senhora da Piedade, declaramos a Casa Branca de Oxalá - Templo Umbandista, como fiel seguidora da Umbanda do Caboclo das Sete Encruzilhadas, enquanto os preceitos acima descritos forem mantidos como o são nesta data.

Belo Horizonte, 15 de Dezembro de 1995.

- Zélia de Moraes Lacerda -

- Zilméa Moraes da Cunha -

Figura 20: Declaração

O delegado

Os cânticos anunciavam o início da sessão. Muitos vinham de longe para a cura de seus males. Outros vinham por simples curiosidade. A Tenda Nossa Senhora da Piedade era frequentada por católicos, protestantes, por negros e brancos, homens e mulheres. Ali não havia preconceito de nenhuma espécie. Todos eram bem-vindos.

Todavia, nem tudo eram flores. Muitas casas de Umbanda estavam sendo fechadas, confundidas com casas de macumba. Certa noite, o delegado Paulo Pinto, que vinha fechando as tendas de Umbanda do Estado do Rio de Janeiro parou na porta da humilde casa de caridade, na qual Pai Antônio e todos os Pretos Velhos trabalhavam, dando passes e consultas aos filhos necessitados daquela noite. Zilméia, filha de Zélio de Moraes, preocupada, chamou Pai Antônio e lhe avisou que quem estava ali era um policial para terminar os trabalhos da casa. Serenamente, Pai Antônio lhe respondeu: "Carneirinho (como chamava Zilméia), deixa ele entrar."

Com permissão para entrar, Paulo, que era um homem grande e robusto, deu dois passos adiante e caiu "estirado" no chão. Todos fitaram o homem desmaiado. Ninguém se movia. "O que fazer agora?", perguntou Zilméia paralisada, olhando de Pai Antônio para Paulo e de Paulo para Pai Antônio. O Preto Velho, com sua mansidão de sempre, pediu-lhe que esperasse que logo o homem se levantaria. E a sessão continuou, as consultas prosseguiram e passado algum tempo, o delegado acordou, muito assustado, porém, não desistiu de ir embora. Os médiuns, ainda preocupados, avistou o robusto homem se dirigir a Pai Antônio no seu banquinho de madeira.

Há relatos de Zilméia de que desde aquele dia, Paulo Pinto se tornara frequentador da Tenda e um grande amigo de Zélio de Moraes. A Umbanda é paz e amor. Fechar a Tenda de Umbanda era desfazer as vontades do Pai Maior. A caridade devia continuar.

Publicado em: ***http://ahistoriadaumbanda.blogspot.com.br***

Terreiro de umbanda sem gira de exu

Ao longo desta obra já escrevemos algumas vezes sobre a Tenda Espírita São Jorge e seu primeiro dirigente, João Severino Ramos. Pedro Miranda chegou á Tenda em 1960. Alguns anos depois, assumiu o comando substituindo Severino, e continua até hoje em atividade na direção dos trabalhos.

Pai Pedro Miranda foi entrevistado, em 2004, por Marques Rebelo para uma matéria na Revista Espiritual de Umbanda. Selecionamos alguns trechos dessa entrevista para entendermos a sua visão sobre os trabalhos com Exu.

Marques Rebelo: Naquele tempo, como eram desenvolvidos os rituais na Tenda Espírita São Jorge?

Pedro Miranda: No início, a Tenda Espírita São Jorge não usava atabaques, somente roupa branca. Nem fumo, cachimbo, nem charuto. Tinha o Preto Velho, o Caboclo e os dias de Exu. A Tenda Espírita Nossa Senhora da Piedade, que chamo de Tenda Mãe, Tenda Raiz, nunca fez gira de Exu, e até hoje não faz. Severino veio da Tenda Mãe, a Tenda do Caboclo das Sete Encruzilhadas, e desde o início fez gira de Exu.

Marques Rebelo: O senhor poderia explicar o porquê?

Pedro Miranda: Cada um de nós, médiuns, temos nossa própria condição; não somos iguais, somos semelhantes. Cada um tem uma estrada, um caminho, uma afinidade. Havia naquela época uma distorção muito grande daquilo que se poderia chamar de Exu. Acredito que desde o início a Tenda São Jorge fez gira de Exu, e essa foi uma das grandes perguntas que sempre fiz em termos daquilo que conhecemos como Umbanda. A Tenda Nossa Senhora da Piedade não faz gira de Exu até hoje, e a Tenda São Jorge sempre fez, desde o inicio. Uma coisa interessante, que sempre me despertou a atenção, é que a firmeza da tronqueira da Tenda São Jorge foi feita na mata, com o Seu Tiriri, com quem o Severino trabalhava, e o Senhor Tranca Ruas. Esse é o ponto básico de firmeza dessa tronqueira.

Em um determinado momento, realizei reuniões de estudos na Tenda São Jorge, e minha indignação era a seguinte: O que é Exu na Umbanda? Nós temos alguns segmentos religiosos respeitáveis dentro da Umbanda que não fazem gira de Exu. Por exemplo, a Tenda Nossa Senhora da Piedade e o Centro Espírita Caminheiros da Verdade. Nosso irmão João Carneiro dizia: "Esse negócio de que na Umbanda, sem Exu não se faz nada, é uma palhaçada", essa era a expressão dele, estou aqui repetindo suas palavras. Isso provocou uma polêmica. A Tenda Espírita Mirim, do Caboclo Mirim, fundada por Benjamim Figueiredo, que deixou uma obra linda, com 43 filiais, era uma coisa espetacular, e também não fazia gira de Exu.

Marques Rebelo: Como o senhor explica a opção da Tenda São Jorge em fazer a Gira de Exu?

Pedro Miranda: Entendo que tenha sido pela personalidade do médium, que carrega um grupo de espíritos consigo, porque vejo o médium com um grupo de espíritos, o Caboclo, o Preto Velho e o Exu, é como se fossem uma família espiritual. Se nesse grupo de espíritos, que vai agir através desse médium, estiver uma entidade com a face em Exu, ele terá a necessidade de trabalhar com a gira de Exu. Outros, por esse ou aquele motivo, não tem em seu caminhar a presença daquele espírito que está na vibração de Exu, esse não fará gira de Exu, porque não está em sua origem. Como dizia Pai Antonio: "A Umbanda e pra quem tem. Quem tem, tem, quem não tem, não tem". Só damos vazão ao que temos, porque na Umbanda a mediunidade é um compromisso que cada um de nós assumiu na espiritualidade. Quando estávamos aguardando a felicidade de ganhar um corpo físico, cada um dos médiuns assumiu esse compromisso, que é trabalhar na Umbanda, porque na Umbanda viemos apenas para trabalhar, nós servimos, damos e jamais nos preocupamos se irão nos agradecer ou não, nada disso. Dizia nossa irmã Georgina do Amaral, da Tenda Espírita São Cosme e Damião: "A Umbanda é Jesus trabalhando".

Marques Rebelo: Como o senhor vê o sincretismo dos Orixás na Umbanda?

Pedro Miranda: Eu vejo o sincretismo como uma forma de buscar nas imagens dos santos, uma identificação com as forças da natureza, em que duas culturas se aproximaram de todos, e uma prova de que os cultos afros podem perfeitamente conviver com os princípios católicos e kardecistas, porque na espiritualidade não há barreiras nem fronteiras, é o homem, em sua limitação, que divide. A Umbanda aceita tudo, reúne tudo. Por exemplo, temos uma gira onde se apresentam entidades que dizem o nome de Zé Pelintra, Zé Malandro. Ninguém pode negar que esse espírito que se identifica como Zé Pelintra, Zé Malandro, não existe. Agora, onde ele encontra oportunidade para passar sua mensagem? No Terreiro de Umbanda. De modo geral, ele vem em uma gira de Exu, mas não é Exu. Então, a Umbanda da essa oportunidade.

Temos outras falanges, como a dos Boiadeiros que se enquadram na faixa vibratória da Linha de Caboclos,[1] mas o Boiadeiro não é tipicamente um Caboclo. Eles vêm na Umbanda, porque ela abre a suas portas para todas as entidades.

1 Na verdade o termo correto é Falange de Caboclos, pois, o termo Linha é utilizado para os Orixás.

Rua Zélio de Moraes

São Gonçalo foi o município onde funcionou a primeira sede da Tenda Espírita Nossa Senhora da Piedade. Nesta localidade existe a Rua Zélio de Moraes, no bairro Camarões. Na cidade do Rio de Janeiro também existe uma rua com o seu nome.

Zélio de Moraes, fundador da Umbanda, é homenageado com nome de rua, em Santa Cruz, na cidade do Rio de Janeiro/RJ

O Prefeito César Maia do Rio de Janeiro atendeu à proposta do vereador Átila Nunes, dando o nome de uma rua no bairro de Santa Cruz ao anunciador da Umbanda, Zélio de Moraes, o médium do Caboclo das Sete Encruzilhadas.

Segundo César Maia, "a homenagem não é apenas ao fundador dos princípios da Umbanda no Brasil, mas como também uma homenagem ao centenário dessa religião".

Para o Prefeito carioca, a proposta do vereador Átila Nunes vai ao encontro de milhões de brasileiros que professam a Umbanda, incluindo os cariocas.

O Decreto do Prefeito César Maia dando o nome de Zélio de Moraes a uma rua do município, foi publicado no Diário oficial do Rio de Janeiro no dia 21 de agosto de 2008.

> Art. 1º. Fica reconhecido como logradouro da Cidade do

Rio de Janeiro, de acordo com o PAA 8161/PAL 25028, aprovado em 23/06/1964, e tendo em vista o Decreto n. 5.625, de 27 de dezembro de 1985, com denominação oficial aprovada de "RUA ZÉLIO DE MORAES", o logradouro antes conhecido como Rua P, que começa na Avenida Roberto Moura, lado par, 140 metros depois da Rua Agaí e termina na Rua Agaí, com 398 metros de extensão.
Art. 2º. Este Decreto entra em vigor na data de sua publicação.

Rio de Janeiro, 20 de agosto de 2008 – 444º ano da Fundação da Cidade.

Umbanda e meio ambiente

O ser humano sempre teve com a natureza uma relação antropocêntrica.[1] Segundo o imaginário popular, a natureza teria sido criada para servir aos interesses da humanidade. Dessa forma nunca houve uma preocupação efetiva em preservar os recursos naturais, bem como a utilização racional nas atividades cotidianas e econômicas.

Foi a partir da década de 1960, com várias manifestações opondo-se aos danos causados ao planeta por conta dos interesses capitalistas e total descaso em relação ao meio ambiente, que as atenções voltaram-se para o grande mal causado a Mãe Terra. As manifestações estudantis, o movimento hippie, o avanço das esquerdas e de ideias liberais foram decisivos na reflexão em torno das questões ambientais. No final dessa década, no ano de 1968 em Paris, ocorreu a Conferência da Biosfera. Com a participação de 64 países, a pauta das discussões ficou centrada nos impactos que a ação antrópica estava causando ao meio natural. Um dano que comprometia o futuro da própria humanidade.

O primeiro e grande acordo internacional sobre questões ambientais foi o Protocolo de Montreal, aprovado em 1987. O acordo foi firmado, estabelecendo limites para a produção do gás CFC (clorofluorcarboneto).[2] Com o acordo ocorreu gradati-

1 O homem como centro de tudo.

2 Gás que era utilizado em equipamentos de refrigeração, condicionadores de ar,

vamente à substituição do CFC pelo gás HCFC (hidroclorofluorcarboneto), menos nocivo à camada de ozônio. Já em 2007, foi assinado no Canadá, por 191 países, um acordo estabelecendo a eliminação da produção e consumo do CFC até 2030.

A primeira grande conferência sobre meio ambiente, ocorrida em 1972 em Estocolmo, na Suécia, as discussões sobre os problemas ambientais entraram novamente na pauta da agenda política internacional. Desde então, muitas reuniões e diversos acordos foram feitos objetivando a conservação da biodiversidade, redução do desmatamento, proteção dos ecossistemas marinhos, redução de poluentes, diminuição da produção do lixo, manutenção de reservas hídricas, entre outras ações de ordem preservacionista.

A Conferência de Estocolmo foi um divisor de águas, alertando sobre a ameaça da ação humana contra o Planeta. Nesse encontro, foram rediscutidas as polêmicas sobre o antagonismo entre Desenvolvimento Econômico e Meio Ambiente. A Declaração de Estocolmo, documento elaborado ao final do encontro, estipulou ações para resolver os conflitos entre as práticas de preservação ambiental e o crescimento econômico. No encontro também foi criado o Programa das Nações Unidas para o Meio Ambiente (PNUMA) e instituído o dia 5 de junho como Dia Internacional do Meio Ambiente.

Nove anos mais tarde, em 1981, foi aprovada no Brasil a Lei 6.938, que instituiu a Política Nacional do Meio Ambiente, criando as bases para a proteção ambiental em solos brasileiros. Em 1986, o Conselho Nacional do Meio Ambiente (CONAMA) publicou uma resolução sobre o tema e passou a ser exigido estudo de impacto ambiental e seu respectivo resumo no Relatório de Impacto Ambiental, além do licenciamento e autorização expedidos pelo IBAMA para a realização de qualquer obra ou atividade que provocasse dano ao meio ambiente. Já em 1988, a Constituição Federal Brasileira dedicou um capítulo ao meio ambiente, estabelecendo no artigo 225, que:

> Todos têm direito ao meio ambiente ecologicamente equilibrado, bem de uso comum do povo e essencial à sadia qua-

---

como propelentes de sprays, solventes industriais, espumas isolantes, produtos de utilização na Microeletrônica e na Eletrônica.

> lidade de vida, impondo-se ao poder público e à coletividade o dever de defendê-lo e preservá-lo para as presentes e futuras gerações". O parágrafo terceiro desse mesmo artigo estipula que "As condutas e atividades consideradas lesivas ao meio ambiente sujeitarão os infratores, pessoas físicas ou jurídicas, a sanções penais e administrativas independentemente da obrigação de reparar os danos causados".

Conhecida como Lei dos Crimes Ambientais, a Lei 9.605 define como crimes, todas as ações contra a fauna e a flora.

Para os adeptos e praticantes das religiões de matrizes africanas, a exemplo da Umbanda, é de fundamental importância conhecer as leis que regulamentam as questões ambientais no Brasil, bem como ter ciência do amplo movimento mundial que vem ocorrendo desde a década de 1970, em prol da preservação ambiental. Principalmente por serem questões relacionadas ao futuro e preservação de áreas muitas vezes utilizadas pelo chamado "povo do santo".

Outro grande evento envolvendo as questões ambientais, e que também interessa aos umbandistas, foi a Conferência das Nações Unidas sobre Meio Ambiente e Desenvolvimento (Eco-92) conhecida também como "Cúpula da Terra", que ocorreu no Rio de Janeiro no ano de 1992. Contando com a presença de 178 chefes de Estados, organizações governamentais e não governamentais, a conferência teve como objetivo a obtenção de acordos para diminuir os impactos sobre a ação humana em relação ao meio ambiente. Do encontro saíram importantes tratados internacionais, duas declarações, uma carta de princípios pela preservação da vida na Terra e a Declaração de Florestas. Na oportunidade foi elaborada também a "Agenda XXI", um documento contendo planos e ações efetivas para preservar e conservar o meio ambiente. Nesse documento, diferentes pontos foram ressaltados, com destaque especial para: recomendações sociais e econômicas, como a busca de novos padrões de consumo e do desenvolvimento sustentável; medidas para a conservação dos ambientes naturais, como o combate ao desmatamento, a conservação da diversidade biológica e a proteção da atmosfera e dos oceanos; a participação de mulheres, crianças e comunidades locais nas discussões e decisões; formas de viabilização das ações sugeridas, como o repasse de tecnologia dos países centrais aos países pobres e o alívio da dívida externa dos países em desenvolvimento, entre outros pontos.

Por ocasião da Eco-92, foi também elaborado o documento "Nosso Futuro Comum", que destacou o conceito de desenvolvimento sustentável, aliando desenvolvimento econômico à conservação ambiental.

Umbanda e meio ambiente

As questões ligadas ao Meio Ambiente ainda são pouco discutidas dentro dos Terreiros de Umbanda. O percentual de Templos Umbandistas que efetivamente discutem as questões ambientais não chega (infelizmente) a 10%. Com esses dados, obtidos a partir de pesquisas promovidas por algumas Universidades a exemplo da UFSC – Universidade Federal de Santa Catarina (TCC – Curso de História das Religiões) fica evidente a falta de interesse e/ou informações sobre as atuais discussões e necessidades urgentes de abrir ou ampliar a vigília diante do papel de todo cidadão brasileiro, principalmente o umbandista, em prol de uma sustentabilidade aplicada.

"Quando ainda há velas acesas espero até o dia seguinte porque a oferenda está muito fresca", explica o gerente da COMLURB,[3] Carlos Roberto Silva, que afirmou que a limpeza do local sempre foi realizada, e explicou o porquê de usar um pai de santo para fazer a limpeza dos restos de oferendas e trabalhos de feitiçaria: "Encontrar quem sabe os fundamentos religiosos foi importante, pois ele sabe fazer a remoção e tem a maior facilidade em abordar os adeptos e pedir para não deixarem materiais espalhados, por exemplo", afirmou Silva. (http://gospelmais.com.br).

As religiões afro-brasileiras não podem ficar de fora das discussões que envolvem os temas Meio Ambiente e Sustentabilidade. Por estarem intimamente ligadas às forças da natureza e ao mesmo tempo dependerem delas para manutenção do rito e do culto a suas divindades, os umbandistas, candomblecistas e demais adeptos afro-religiosos precisam olhar com atenção para as necessidades urgentes de preservação e cuidados ambientais.

3 Companhia Municipal de Limpeza Urbana.

Nas atividades dentro dos Terreiros, precisam ser incluídos os chamados "três erres": Reduzir, Reutilizar e Reciclar. Devendo também somar a eles outros quatro erres, a saber: Rejeitar as ações abusivas e depreciativas em relação ao meio ambiente; Rever conceitos e atitudes diante das atuais exigências socioambientais; Romper com as amarras que não favorecem ao diálogo entre as diversas "escolas" ou "vertentes" afro-religiosas; Renunciar ao egocentrismo. Sete atitudes que farão a diferença dentro e fora dos Terreiros.

E de fato é dentro do Terreiro, que as ações sustentáveis devem ser inicialmente aplicadas. Sejam por meio de cartazes, panfletos, palestras, cursos específicos, ou mesmo ações mais efetivas, como: separação e coleta seletiva do lixo; uso da água de forma menos abusiva; utilização elétrica obedecendo aos padrões sustentáveis; aproveitamento das águas das chuvas por meio de cisternas; reutilização de materiais a exemplos das sobras de velas, garrafas e outros tantos produtos consumidos e muitas vezes desperdiçados por falta de uma consciência comum e ecológica, entre outras. Estas ações devem ser estendidas a todos os médiuns, familiares e demais frequentadores, criando uma rede de solidariedade a favor do meio ambiente.

Leonardo Boff [4] comenta sobre o "Bem Viver" dos povos andinos que praticavam um modelo de sustentabilidade desejada. Segundo esses povos o bem viver visa uma ética de sustentabilidade para toda a comunidade e não apenas para o indivíduo. É uma visão holística, integradora do ser humano. Nessa visão integradora estão incluídos: o ar, a água, os solos, as montanhas, as árvores, os animais, as estrelas, o Sol, a Lua, os planetas etc. Segundo os povos andinos, é preciso estar em equilíbrio e comunhão com Pacha (energia universal) e principalmente com Pachamama (a Mãe Terra).

Não muito diferente dos andinos, os povos africanos, de quem a Umbanda e o Candomblé conservam o legado, também mantinham com a natureza uma relação de respeito e profunda comunhão. Fundamentavam-se no intercâmbio entre dois níveis de existência, o Aiyê (Terra) e o Orun (Céu). O equilíbrio entre a Terra e o Céu se fazia necessário, e ainda se faz, para a

4 Sustentabilidade – O que é - o que não é.

manutenção das energias vitais dos seres humanos e principalmente perpetuação da espécie. Na mitologia africana, o Céu e a Terra pertencem à Olorum o grande criador, ficando sob a responsabilidade dos Orixás, em equilíbrio com os seres humanos, a manutenção desse complexo sistema de relações humanas e naturais. "No começo não havia separação entre o Orum, o céu dos Orixás, e o Aiyê, a Terra dos humanos. Homens e divindades iam e vinham, coabitando e dividindo vidas e aventuras." (PRANDI, 2001)

Por conta dessa relação, nas religiões de matrizes africanas a preservação ambiental é imprescindível. Não só pela relação direta entre os Orixás e os seres humanos, mas principalmente pela necessidade de preservação dos locais nativos e sagrados, de onde são retirados todos os elementos para uso ritualístico, a exemplo das folhas, das águas, dos seixos etc. Elementos esses necessários para a manutenção do Axé[5] individual e coletivo. Mas, infelizmente o maior legado africano, a relação harmônica com a Mãe Terra, aos poucos vem sendo "esquecida". Não deixando de mencionar que a Umbanda, além das tradições africanas, tem em sua essência aspectos ligados também à cultura indígena.

Portanto, não é preciso ir tão longe para buscar exemplos de bem viver. Basta olhar para os remanescentes indígenas localizados aqui no Brasil. Mesmo com o aculturamento, ainda é forte a relação de respeito desses povos com o meio natural onde vivem. Uma relação sustentada na harmonia, no equilíbrio e na coletividade.

Em relação aos povos remanescentes, na atualidade, calcula-se que ainda existam cerca de cinco mil comunidades tradicionais vivendo de acordo com seus costumes originais, em seus *habitats* nativos e ainda preservados. Mantendo também preservados o uso da língua original e fortalecendo as relações entre meio ambiente e comunidade. Mas, devido ao intenso processo de mudanças decorrentes das influencias externas, do avanço tecnológico e com a globalização, é esperado que menos da metade das línguas nativas faladas hoje em dia, se mantenham até meados do século XXI, a exemplo dos idiomas kuruaya (falado por indígenas brasileiros); udihe (falado na Sibéria) e

5 Principio e poder de realização. Força Natural, Vital e Essencial.

eyak (falado por inuts no Alaska). Mudanças que influenciarão diretamente a relação harmônica desses povos com o território que habitam, provocando mais transformações. E dessa forma, aumentando os problemas com o aculturamento, que vem crescendo na medida em que a sociedade moderna, cada vez mais "padronizada" e "consumista", estabelece como essencial, a aquisição de bens materiais em detrimento do equilíbrio e da sustentação da Mãe Terra.

E por essa e outras tantas situações de alerta, diante da ação humana em relação ao uso insustentável dos recursos naturais e sabendo que a disseminação de ideias para promover uma maior conscientização ecológica entre os adeptos afro-religiosos ocorre lentamente, com alguns avanços e retrocessos, é que se faz necessário uma tomada de decisões. Decisões que de fato possibilitem o resgate de verdadeiros valores. Uma retomada de posturas e atitudes, para que se possa no futuro, contabilizar saldos positivos.

Sustentabilidade nos terreiros

O desenvolvimento sustentável é uma prática necessária e emergencial. Em Santa Catarina, especificamente na Grande Florianópolis, alguns Terreiros de Umbanda já estão se adaptando as novas tendências de sustentabilidade e determinados trabalhos de limpezas espirituais, os chamados sacudimentos ou ebós, estão sendo realizados de forma sustentável. Vejamos:

> **Sistema de Incineração**: os resíduos e despachos provenientes dos ebós que até então eram jogados em locais públicos, passam agora pela incineração para depois serem devidamente enterrados em áreas de plantio e reflorestamento. A incineração de resíduos, principalmente do lixo é uma prática muito antiga, ainda hoje comum as zonas rurais. Apesar da queima em céu aberto colaborar para a poluição atmosférica com os gases de combustão, a queima ainda é uma alternativa viável para a eliminação dos resíduos. Com a incineração existe uma redução de aproximadamente 80% no volume do material. Os incineradores hoje utilizados nos Terreiros em sua maioria são domésticos, ou seja, construídos de forma artesanal com tijolo e cimento. Nos ebós não são utilizados plásticos, metais e outros materiais que acarretariam proble-

mas ambientais mesmo incinerados. A combustão de plásticos clorados, (PVC), por exemplo, resulta no ácido clorídrico altamente poluente, devendo de fato ser evitado.

Compostagem Orgânica: com relação às oferendas, após o tempo mínimo de permanência no altar, ou em outros locais sagrados dos Terreiros, são tratadas em sistema de geração de adubos denominado Compostagem Orgânica. A compostagem é um processo biológico em que os micro-organismos transformam a matéria orgânica, como folhas, papel e restos de comida num material semelhante ao solo, a que se chama composto, e que pode ser utilizado como adubo. Os adubos produzidos a partir desse sistema são utilizados nos herbários que ficam localizados nos próprios Terreiros, onde são plantadas todas as ervas destinadas ao culto aos Orixás e demais atividades ritualísticas. No sistema de compostagem são aproveitadas as frutas, as comidas de santo e outras oferendas que possibilitem o tratamento e reutilização. Com a compostagem dá-se uma finalidade sustentável para as oferendas, e ao mesmo tempo em que melhora a estrutura e aduba o solo, gera redução de herbicidas e pesticidas devido à presença de fungicidas naturais e micro-organismos, aumentando a retenção de água no solo.

Nas cachoeiras, praias, matas e demais áreas externas, as obrigações ganham também um olhar ecológico e com ampla preocupação socioambiental. Da mesma forma como vem ocorrendo nos Terreiros, após as sessões externas, os resíduos recebem um tratamento especial. Garrafas de vidro, plásticos, entre outros itens não degradáveis estão sendo retirados das oferendas. No local onde ocorrem as atividades religiosas ficam apenas as frutas e flores por não oferecerem riscos ao meio ambiente. Inclusive as sobras de velas estão sendo utilizadas de forma sustentável.

Ao final dos trabalhos, todos os resíduos de velas são trazidos de volta para o Terreiro onde passam pelo processo de reaproveitamento ou reciclagem. Após as sessões externas, realizadas principalmente na praia ou na cachoeira, os Terreiros fazem também uma limpeza geral em forma de mutirão. Esse Procedimento vem colaborando com a manutenção, limpeza e preservação dos ambientes naturais e ajudando a propagar uma imagem menos preconceituosa em relação aos umbandistas e demais seguidores das religiões de matrizes africanas.

Cada material utilizado nas oferendas tem um tempo para a sua decomposição, conforme podemos ver na tabela a seguir:

Tabela: Tempo de Decomposição de Materiais

MATERIAL	TEMPO APROXIMADO
Casca de Banana ou Laranja	Dois anos
Papel	3 a 6 meses
Papel Plastificado	1 a 5 meses
Tecido de Algodão	10 anos
Ponta de Cigarro	10 a 20 anos
Cerâmica Vitrificada	500 anos
Madeira Pintada	13 anos
Moedas	200 a 500 anos
Metais	100 anos
Plástico	500 anos (ou mais)
Couro	Até 50 anos
Celofane	100 anos
Alumínio	500 anos
Vidro	Um milhão de anos
Velas	dois anos
Palito de Fósforo	6 meses

Fonte: Tenda Espírita Caboclo Cobra Verde, 2012

Certos Terreiros já não realizam trabalhos em locais públicos evitando a exposição demasiada dos adeptos, trazendo para os ritos de Umbanda uma adequação diante das atuais exigências, tanto de órgãos públicos como da própria conjuntura e intensa urbanização no entorno dos Terreiros. Na fase atual o umbandista volta-se cada vez mais para o espaço interno do Terreiro evitando a exposição pública, mas, não deixando de participar das audiências públicas, das manifestações contra a intolerância religiosa e demais atividades que possibilitem a visibilidade, a projeção, colaborando dessa forma para a conquista de espaço e direitos comuns a todos os afro-religiosos.

Considerando-se também o campo vibratório, existem locais que de fato são inadequados para determinados trabalhos e oferendas. Áreas urbanas como calçadas, ruas, praças públicas, cemitérios entre outros não favorecem aos trabalhos umbandistas. Além de causar desconforto a população leiga, contribui para a poluição nas cidades, causando impacto e poluição visual. Mas quando há necessidade do trabalho externo, o bom senso recomenda áreas mais afastadas, de preferência nas zonas rurais ou nativas, dando prioridade a locais específicos, a exemplo do Santuário Nacional da Umbanda, considerado a Meca dos Umbandistas e localizado na Estrada do Montanhão, em Santo André no Estado de São Paulo.

O Santuário Nacional da Umbanda é uma reserva ecológica mantida pela Federação Umbandista do Grande ABC, uma iniciativa de Pai Ronaldo Linares. São 645 mil metros quadrados de mata nativa recuperada, que atualmente destinam-se às práticas religiosas dos umbandistas e demais simpatizantes. No local, também há laboratório, minhocário, viveiro de mudas e uma escola de ecologia prática, ensinando à comunidade, principalmente umbandista, o devido respeito que se deve ter com a natureza. No Santuário há mata, lago, cachoeira e pedreiras, além de uma praça com imagens dos principais Orixás e locais exclusivos para acender velas.

Localizado em Juquitiba também no Estado de São Paulo, o Vale dos Orixás é outro local privilegiado pela natureza, com 20 alqueires, possuindo todos os requisitos naturais para os trabalhos espirituais. No Vale é possível trabalhar com segurança e tranquilidade aproveitando a vibração oferecida pelo local ecologicamente prefeito.

> A Associação Beneficente e Recreativa Vale dos Orixás foi criada e é mantida pela iniciativa da União de Tendas de Umbanda e Candomblé do Brasil, presidida por Pai Jamil Rachid. Hoje, o Vale dos Orixás é também onde se realiza a mais tradicional festa em homenagem a São Jorge, que por 50 anos teve como palco o Ginásio do Ibirapuera, em São Paulo.[6]

6 Revista Espírita de Umbanda, n. 8, Minuano, 2012.

A preservação ambiental tem sido uma luta constante entre ambientalistas e demais pessoas preocupadas com o futuro do planeta e os umbandistas não podem ignorar o grande apelo ecológico. Que outros estados brasileiros, apoiados por federações com objetivos concretos e respaldados na total integração entre os pares umbandistas, sigam os exemplos dos Terreiros de Almas e Angola em Santa Catarina e, em São Paulo, os exemplos da Federação Umbandista do Grande ABC e da Associação Beneficente e Recreativa Vale dos Orixás, viabilizando ao "povo de santo" espaços seguros onde os afro-religiosos possam fazer suas oferendas, exercitem uma vida comunitária em que todos respeitem as convicções alheias, cultuem as suas divindades, mantendo uma relação harmônica e respeitosa com a Mãe Terra. Vejamos mais uma vez o que diz a Constituição Federal, no artigo 225, sobre o uso comum do meio ambiente:

> Todos têm direito ao meio ambiente ecologicamente equilibrado, bem de uso comum do povo e essencial à sadia qualidade de vida, impondo-se ao Poder Público e à coletividade o dever de defendê-lo e preservá-lo para as futuras e presentes gerações.

Giovani Martins [7]

Referências

BOFF, Leonardo. Sustentabilidade – O que é – o que não é. Petrópolis: Vozes, 2012.

MARTINS, Giovani. O Ritual de Almas e Angola em Santa Catarina. Florianópolis/SC: Edição do Autor, 2006.

__________. Umbanda de Almas e Angola – Ritos, Magia e Africanidade. São Paulo: Ícone Editora, 2011.

__________. Umbanda e Meio Ambiente – Ações Sustentáveis e Novos Paradigmas. São Paulo: Ícone Editora, 2014.

MARTINS, Giovani; PERES, Luiz Carlos D'Onira. CASA DE SANTO - Aspectos Arquitetônicos, Jurídicos, Sagrados e Antropológicos dos Terreiros de ALMAS e ANGOLA. Florianópolis/SC: Ed. do Autor, 2014.

PRANDI, Reginaldo. Mitologia dos Orixás. São Paulo: Companhia das Letras, 2001.

7 Professor, Escritor e Pesquisador Afro-Religioso, Especialista em Gestão Educacional, Transdisciplinaridade e Estudos Afro-Brasileiros / UFSC.

Carta Magna da Umbanda

Um grupo de lideres de organizações umbandistas do Estado de São Paulo elaborou, em 2015, a Carta Magna de Umbanda que foi lançada no dia 13 de novembro de 2015, na Câmara Municipal de São Paulo.

> 1 - Umbanda é uma religião espiritualista de doutrina afro-indígena-euro-brasileira.
>
> 2 - É uma religião monoteísta, que crê na existência de um Deus único, inteligência suprema, causa primária de todas as coisas, eterno, onipotente, onipresente, soberanamente bom e justo.
>
> 3 - A Umbanda crê e cultua de forma própria os Orixás Africanos, sincretizados com os santos Católicos, guias e mentores espirituais que, como ministros de Deus, zelam e o auxiliam na realização de suas obras.
>
> 4 - A Umbanda crê na reencarnação e na incorporação das entidades espirituais, em vidas sucessivas, no aprimoramento espiritual e aperfeiçoamento do ser humano para conduzi-lo a Deus.
>
> 5 - O espirito denominado Senhor Caboclo das Sete Encruzilhadas, incorporado no médium Zélio Fernandino de Moraes, no dia 15 de novembro de 1908, em São Gonçalo das Neves – RJ, data que reconhecemos como sendo o nascimento da Umbanda, anunciou:
>
> 6 - A Umbanda considera a natureza com tudo que ela encerra como obra máxima do Criador, sendo o altar de Deus, o lugar onde se pode com Ele conversar, portanto, preservar a natureza é obrigação de fé de cada umbandista.

7 - A Umbanda é uma religião sincrética fruto da cultura religiosa de três segmentos: Branca do elemento europeu colonizador; Negra escravizada na África para laborar na terra e a Indígena que já ocupava esta terra.

8 - A Umbanda tem liturgia e ritos próprios derivados da diversidade de raças e culturas que a fundamentam. São práticas litúrgicas umbandistas:

8.1 - A preparação e formação mediúnica e sacerdotal;

8.2 - O Batismo;

8.3 - O Casamento;

8.4 - Os Ritos Fúnebres.

9 - Constituem símbolos da Umbanda:

9.1 - O Hino da Umbanda;

9.2 - A bandeira da Umbanda;

9.3 - Juramento Umbandista.

10 - Sendo a Umbanda a manifestação de espirito para a prática da caridade deverá sempre ser exercida sem a remuneração pecuniária, salvaguardada a sustentação financeira da organização religiosa.

11 - Deve o adepto da religião de Umbanda sempre seguir a ética religiosa e a lei dos homens.

12 - Todo irmão umbandista que desejar fazer parte do corpo mediúnico de um templo deverá prestar o "Juramento Umbandista".

13 - A Umbanda defende uma sociedade em que todas as religiões sejam igualmente respeitadas, a promoção da tolerância como princípio republicano e a preservação da educação pública laica.

14 - A Umbanda estará sempre de portas abertas para todos.

Justos e perfeitos, os subscritores desta, a qual estará aberta a adesões, reafirmam o compromisso permanente com o engrandecimento da Umbanda e seus valores magnos.

São Paulo, 13 de novembro de 2015.

Apoiaram esta carta:

• Federação Umbandista do Grande ABC
Babalaô Ronaldo Antonio Linares

• União de Tendas de Umbanda e Candomblé do Brasil
Jamil Rachid (Pai Jamil)

• Federação de Umbanda e Candomblé do Estado de São Paulo
Carlos Roberto Salun (Pai Salun)

• Primado Organização Federativa de Umbanda e Candomblé do Brasil – Primado do Brasil
Maria Aparecida Naléssio (Mãe Cidinha)

• Supremo Órgão de Umbanda e Candomblé dos Filhos de Tupinambá do Estado de São Paulo
Reinaldo dos Santos Tupinambá (Pai Reinaldo)

• Associação Beneficente Paulista de Umbanda
Edson Izidro dos Anjos (Pai Edson)

• Associação Umbandista Espiritualista do Estado de São Paulo
Sandra Santos

• União Regional Umbandista da Zona Oeste Grande São Paulo
Cláudio Franco de Lima (Pai Cláudio)

• Federação de Umbanda e Cultos Afro-Brasileiros de Diadema
Cássio Lopes Ribeiro (Pai Cássio)

• Federação de Resistência da Cultura Afro-Brasileira
Waldir Persona (Pai Waldir)

• União Municipal Umbandista de Guarulhos
José Juvenal dos Santos (Ogan Juvenal)

• Associação Brasileira dos Umbandistas e Candomblecistas
Marco Campos

Dr. Hédio Silva Jr., Advogado, Mestre em Direito Processual Penal e Doutor em Direito Constitucional pela PUC-SP; Consultor Jurídico da FUGABC.

Galeria de imagens

Figura 21: Primeiro Congresso Nacional do Espiritismo da Umbanda. Dia 19/10/1941: Assistência na Abertura do I Congresso. Fotos da Família Figueiredo. Fonte: Sérgio Navarro Teixeira. http://fraternidadeumbandistaluzdearuanda.blogspot.com.br

Figura 22: Primeiro Congresso Nacional do Espiritismo da Umbanda. Dia 19/10/1941: Outro aspecto do Grande Salão da Federação no dia da instalação. Fotos da Família Figueiredo. Fonte: Sérgio Navarro Teixeira. http://fraternidadeumbandistaluzdearuanda.blogspot.com.br

Figura 23: Primeiro Congresso Nacional do Espiritismo da Umbanda. Dia 21/10/1941: O Senhor Alfredo Rego, delegado da Tenda Humildade e Caridade, apresentando a tese desta filiada intitulada "Umbanda e os Sete Planos do Universo". Fotos da Família Figueiredo. Fonte: Sérgio Navarro Teixeira. http://fraternidadeumbandistaluzdearuanda.blogspot.com.br

Figura 24: Primeiro Congresso Nacional do Espiritismo da Umbanda. Dia 22/10/1941: O Dr. Baptista de Oliveira apresentando a tese intitulada "Umbanda, suas origens, sua natureza e sua forma". Fotos da Família Figueiredo. Fonte: Sérgio Navarro Teixeira. http://fraternidadeumbandistaluzdearuanda.blogspot.com.br

Figura 25: Primeiro Congresso Nacional do Espiritismo da Umbanda. Dia 22/10/1941: Salão durante a reunião. Fotos da Família Figueiredo. Fonte: Sérgio Navarro Teixeira. http://fraternidadeumbandistaluzdearuanda.blogspot.com.br

Figura 26: Primeiro Congresso Nacional do Espiritismo da Umbanda. Dia 26/10/1941: A senhorita Amelinha Leal, da Delegação da Tenda Africana de São Sebastião, expressando a sua satisfação ante os trabalhos apresentados no congresso. Fotos da Família Figueiredo. Fonte: Sérgio Navarro Teixeira. http://fraternidadeumbandistaluzdearuanda.blogspot.com.br

Figura 27: Primeiro Congresso Nacional do Espiritismo da Umbanda. Dia 24/10/1941: O senhor Aoitim de Almeida, Presidente da Tenda Espírita Humildade e Caridade, apresentando a tese desta filiada intitulada "Pontos Cantados e Riscados". Fotos da Família Figueiredo. Fonte: Sérgio Navarro Teixeira. http://fraternidadeumbandistaluzdearuanda.blogspot.com.br

Figura 28: Primeiro Congresso Nacional do Espiritismo da Umbanda. Dia 24/10/1941: O Senhor Roberto Ruggiero, Delegado da Tenda Espírita Mirim, apresentando a Tese desta filiada intitulada "Christo e seus auxiliares". Fotos da Família Figueiredo. Fonte: Sérgio Navarro Teixeira. http://fraternidadeumbandistaluzdearuanda.blogspot.com.br

Figura 29: Primeiro Congresso Nacional do Espiritismo da Umbanda. Dia 25/10/1941: Assistência. Fotos da Família Figueiredo. Fonte: Sérgio Navarro Teixeira. http://fraternidadeumbandistaluzdearuanda.blogspot.com.br

Figura 30: Primeiro Congresso Nacional do Espiritismo da Umbanda. Dia 26/10/1941: O senhor Josué Mendes, Delegado da Cabana Pai Thomé do Senhor do Bonfim, apresentando a tese desta filiada intitulada "Introdução ao estudo da Linha Branca de Umbanda". Fotos da Família Figueiredo. Fonte: Sérgio Navarro Teixeira. http://fraternidadeumbandistaluzdearuanda.blogspot.com.br

Figura 31: Primeiro Congresso Nacional do Espiritismo da Umbanda. Dia 26/10/1941: Mesa que dirigiu os trabalhos do Congresso, momentos antes do encerramento. De branco (ao centro) o Presidente Eurico Lagden Moerbeck, tendo a sua direita o Sr. Diamantino Coelho Fernandes (Secretario Geral do Congresso); o Dr. Baptista de Oliveira; a Senhorita que taquigrafou os trabalhos orais; o Sr. Alfredo Rego (Secretario da federação) e ainda o Sr. Benjamin Figueiredo, da Tenda Mirim (de gravata listrada). À esquerda do Presidente Eurico está o Dr. Jayme Madruga (Vice Presidente da Federação); O Sr. Luiz Alves Casas e o Dr. Isidoro Doin, ambos diretores da federação. Fotos da Família Figueiredo. Fonte: Sérgio Navarro Teixeira. http://fraternidadeumbandistaluzdearuanda.blogspot.com.br

Figura 32: Modelo de roupa feminina para médiuns da Tenda Espírita de Umbanda Nossa Senhora da Piedade. Fonte: www.tensp.org

Figura 33: Segunda Convenção Nacional de Umbanda. Em pé Pai Jerônimo. Ao fundo, de óculos escuros, Lilia Ribeiro. Fonte: http://www.ceubrio.com.br

Figura 34: Segunda Convenção Nacional de Umbanda. À esquerda Lilia Ribeiro. À direita General Mauro Porto. Fonte: http://www.ceubrio.com.br

Figura 35: Segunda Convenção Nacional de Umbanda. José Beniste discursa no encerramento dos trabalhos no auditório do Centro Espírita Caminheiros da Verdade. Fonte: http://www.ceubrio.com.br

Figura 36: Jayme Madruga, Presidente da União Espiritista de Umbanda, com os adeptos da Tenda Espírita da Luz (19/03/1953). Fonte: Jornal de Umbanda, abril de 1953, n. 30.

Figura 37: Visita de Jayme Madruga a São Paulo. Fonte: Jornal de Umbanda, abril de 1954, n. 41.

Figura 38: Henrique Landi Junior e Maria Augusta Landi. Fonte: Tenda Espírita Fraternidade da Luz (www.tefl.com.br)

Figura 39: Dona Cacilda de Assis incorporada com Seu Sete da Lira sem a tradicional cartola. Fonte: Acervo de Cristiam Siqueira.

Figura 40: Seu Sete trabalhando. Fonte: Acervo de Cristiam Siqueira.

Figura 41: Na hora de trabalhar, Seu Sete da Lira não era de "brincar em serviço" e se mostrava bastante rigoroso . "É trabalhando que se vence a guerra... É trabalhando que se faz congá... Por isso vamos trabalhar sempre no caminho do bem". Fonte: Acervo de Adão Lamenza.

Figura 42: Médium incorporada com Preta Velha. Fonte: Revista Planeta, n. 4, 1972.

Figura 43: Médium em oferenda para Yemanjá. Fonte: Revista Magia, Mistério e Umbanda, 1971, n. 13.

Figura 44: Oferenda para Yemanjá na Praia do Arpoador, Rio de Janeiro. Fonte: Revista Magia, Mistério e Umbanda, 1971, n. 13.

Figura 45: Mãe Pequena de um terreiro do Rio de Janeiro. Fonte: Revista Magia, Mistério e Umbanda, 1971, n. 7.

Figura 46: Capa da Revista *Kósmica*, 1957, n. 3. Arte: Irina Fox.

Figura 47: Terreiro de Ogum. Arte: Irina Fox. Fonte: ***Revista Kósmica***, 1957, n. 3.

Figura 48: Caboclo Rompe Serra. Arte: Irina Fox. Fonte: Revista ***Kósmica***, 1957, n. 3.

Figura 49: Cabocla Jupira. Arte: Irina Fox. Fonte: Revista *Kósmica*, 1957, n. 3.

Figura 50: Médiuns de um Terreiro do Rio de Janeiro. Fonte: Revista *Kósmica*, 1957, n. 3.

Figura 51: Caboclo Ubirajara. Arte: Irina Fox. Fonte: Revista *Kósmica*, 1957, n. 3.

Figura 52: Caboclo saúda Yemanjá com bebida na praia. Revista *Careta*, 16/1/1960, n. 2690.

Figura 53: Cerimonial de batismo de uma filha de Yemanjá. Revista *Careta*, 16/1/1960, n. 2690.

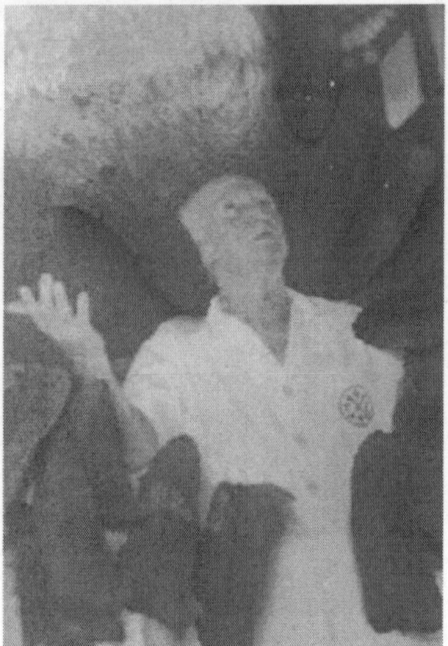

Figura 54: Benjamim Figueiredo incorporado com Caboclo Mirim. Fonte: http://fraternidadeumbandistaluzdearuanda.blogspot.com.br.

Figura 55: Primeiro Congresso Brasileiro do Espiritismo da Umbanda. Fonte: *Diário Carioca*, 21 de outubro de 1941, n. 04094.

Figura 56: Entrada da Cabana de Pai Antônio (década de 1970). Fonte: www.tensp.org.

Figura 57: Detalhe de um trabalho para Yemanjá na praia. Fonte: Revista *Kósmica*, 1956, n. 2.

Figura 58: Firmando velas para Yemanjá na praia. Fonte: Revista *Kósmica*, 1956, n. 2.

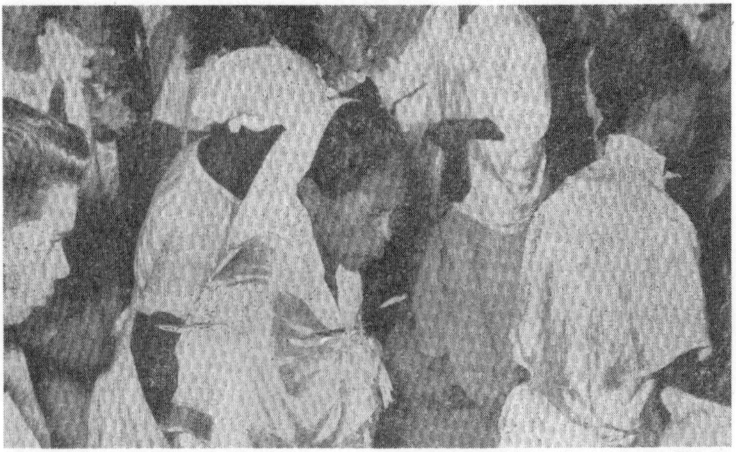

Figura 59: Médiuns incorporados em trabalho para Yemanjá na praia. Fonte: Revista *Kósmica*, 1956, n. 2.

Figura 60: Capa da Revista *Kósmica*, 1956, n. 2. Arte: Irina Fox.

Figura 61: Pai Zeferino com sabão da costa. Arte: Irina Fox. Fonte: Revista *Kósmica*, 1956, n. 2

Figura 62: Caboclo Rompe Mato. Arte: Irina Fox. Fonte: Revista *Kósmica*, 1956, n. 2.

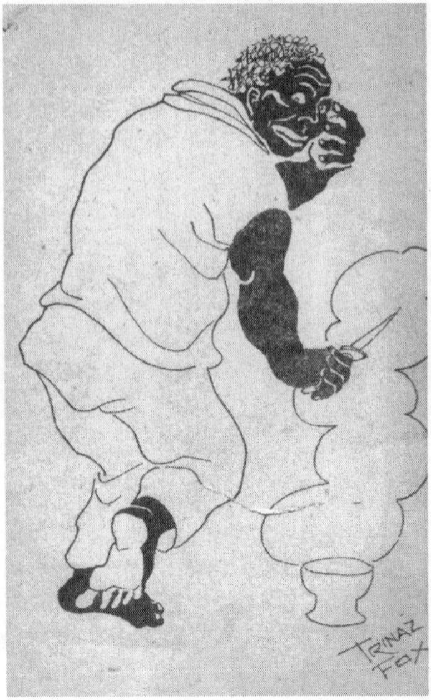

Figura 63: Pai Benedito da Bahia. Arte: Irina Fox. Fonte: Revista ***Kósmica***, 1956, n. 2.

Figura 64: Pai Antônio da Aruanda. Arte: Irina Fox. Fonte: Revista ***Kósmica***, 1956, n. 2.

Figura 65: Seu Sete da Lira em seu médium, Dona Cacilda de Assis, e a multidão que, no sítio de Santíssimo encontra a fé perdida, recebendo as graças, distribuídas, a mãos cheias, pelo estimado guia espiritual. Fonte: *A Luta Democrática*, 10 de junho de 1978, n. 5963.

Figura 66: A Senhora da Luz Velada (Umbanda). Visão mediúnica de Mestre Itaoman.

Figura 67: Manuel Floriano discursa na Tenda Espirita São Jorge quando da visita da UEU à São Paulo em setembro de 1954. Fonte: ***Jornal de Umbanda***, outubro de 1954, n. 47.

Figura 68: Jayme Madruga discursa na Tenda Espirita São Jorge quando da visita da UEU à São Paulo em setembro de 1954. Fonte: ***Jornal de Umbanda***, outubro de 1954, n. 47.

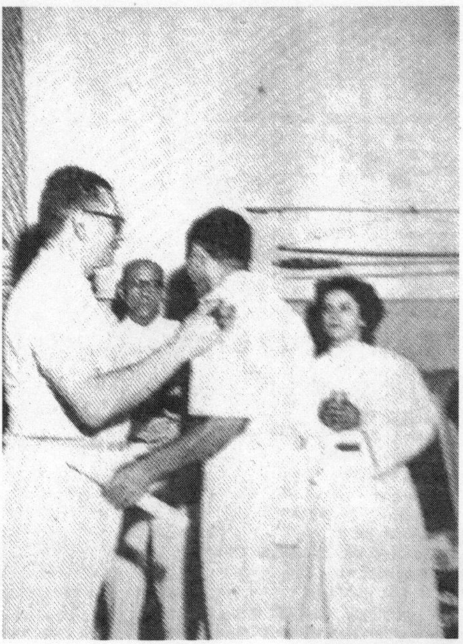

Figura 69: Cerimonia de entrega de diploma de filiada à T.E. São Miguel Arcanjo no Rio de Janeiro. Fonte: *Jornal de Umbanda*, outubro de 1954, n. 47.

Figura 70: O jornalista Olivio Novais faz entrega de um mimo à Jayme Madruga. Fonte: *Jornal de Umbanda*, outubro de 1954, n. 47.

Figura 71: Propaganda de balas e doces relativa à Festa de Cosme e Damião. Fonte: *A Luta Democrática*, 22 de setembro de 1969, n. 4835.

FEDERAÇÃO ESPÍRITA CRISTÃ DE UMBANDA

ORDEM DOS GRADUADOS DE UMBANDA

Fundada pelo Movimento de Unificação Nacional Pro-Religião de Umbandu

Registro 27.466

PROCURE-NOS. TRATAMOS DO SEU ESTATUTO, DE SUA LEGALIZAÇÃO PERANTE AS AUTORIDADES

SEDE REGIONAL: RUA ALBERICO DE MORAIS, 595 — SENADOR CAMARA — RUA "17", CASA 25, QUADRA 42 — GUADALUPE — DEODORO

Figura 73: Anuncio da Federação Espírita Cristã de Umbanda. Fonte: *A Luta Democrática*, 19 de janeiro de 1971, n. 5308.

Figura 74: Detalhe da curimba de Seu Sete da Lira. Acervo de Cristiam Siqueira.

Figura 75: O sagrado marafo de Seu Sete da Lira. Acervo de Cristiam Siqueira.

Figura 76: Seu Sete com seu cambono, o Deputado Rossini Lopes. Acervo de Cristiam Siqueira.

Figura 77: Pai João Maria
PAI JOÃO MARIA AGOSTINHO é uma entidade que trabalha como Preto Velho de Umbanda. Nasceu em Turim, Itália com o nome de Giovanni Maria D'Agostini. Lendas dão conta que podia estar em dois lugares ao mesmo tempo, fenômeno conhecido como bilocação.
É também conhecido como Frei João Maria, é na verdade um BRANCO VELHO. Seu culto é muito intenso na região de Sorocaba, Estado de São Paulo, sobretudo em Araçoiaba da Serra, onde tem uma espécie de religião independente devotada a ele. Viveu na região da mata de Araçoiaba como eremita em uma gruta, em um lugar conhecido como PEDRA SANTA. Existem inúmeros mistérios atribuídos a ele: inscrições estranhas, milagres etc. Desapareceu sem deixar rastro e foi encontrado no Paraná, por volta de 1912, onde também curou muita gente.
Imagem e texto de Edmundo Pellizari.

Figura 78: Joaquim Pereira do Nascimento (Sr. Santo), mestre iniciado por W. W. da Matta e Silva e fundador do Templo Morumby (Ordem Iniciática do Templo Morumby) em Votuporanga – SP. Fundado em 1960, a OITM tem em suas raízes os ensinamentos da Umbanda Esotérica preconizados por Mestre Yapacani. Fonte: *http://www.templomorumby.org.br*.

Figura 79: Sr. Santo, W. W. da Matta e Silva, Mãe Salete (sua esposa) e Dona Diva Luíza dos Santos., esposa do Sr. Santo e fundadora do Templo Morumby. Fonte: http://www.templomorumby.org.br.

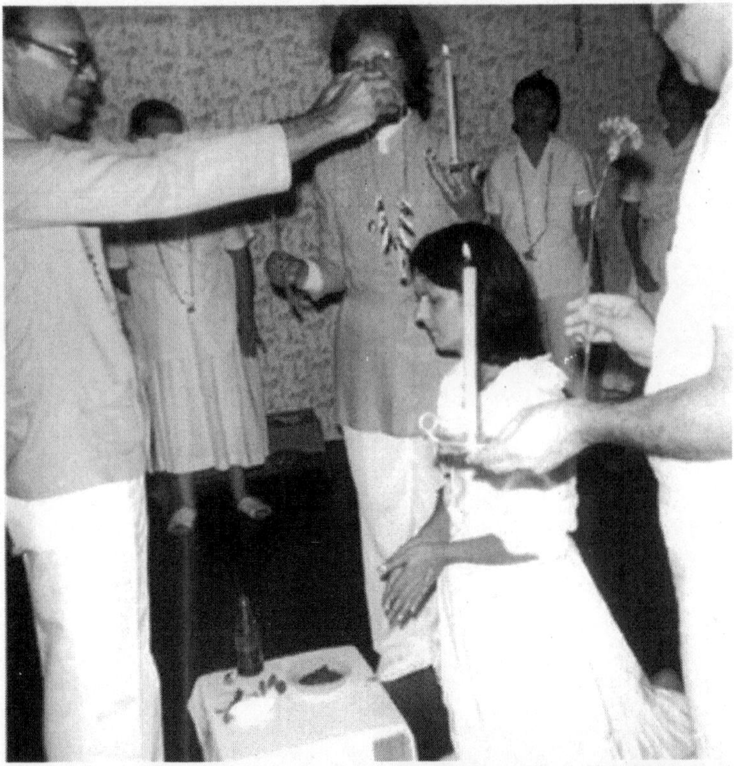

Figura 80: W. W. da Matta e Silva no ritual de entrega da Guia Kabalística para Dona Diva no Templo Morumby. Fonte: http://www.templomorumby.org.br.

Figura 81: W.W.da Matta e Silva em visita ao antigo Templo Morumby. Fonte: http://www.templomorumby.org.br.

Figura 82: W.W.da Matta e Silva. Fonte: ***Jornal Aruanda***, agosto de 1978.

Figura 83: Pontos de descarga na Tenda Nossa Senhora da Piedade. Fonte: ***Revista Espiritual de Umbanda***, março de 2004.

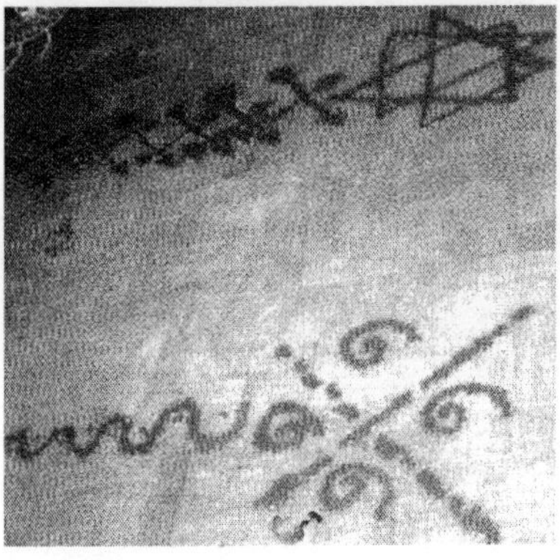

Figura 84: Pontos de descarga cobertos com pólvora, prontos para a descarga. Fonte: ***Revista Espiritual de Umbanda***, março de 2004.

Figura 85: Cartaz de divulgação das comemorações do centenário da Umbanda. O evento se realizou no dia 16 de novembro de 2008, em Buenos Aires, no Obelisco.

Figura 86: Outro cartaz de divulgação das comemorações do centenário da Umbanda em Buenos Aires. A organização esteve a cargo da A.S.R.A.U. (Agrupación Afroumbandista), presidida por Santiago de Ogun (Santiago Allegue).

Figura 87: Leal de Souza, em 1909, conversando com Solon da Cunha e Euclides da Cunha Filho, filhos de Euclides da Cunha, assassinado pelo cadete Dilermando de Assis seis dias antes (15 de agosto de 1909). Euclides da Cunha Filho também seria assinado por Dilermando, em 1916, quando tentou vingar a morte do pai. Fonte: Revista *Careta*, 21 de agosto de 1909, n. 64.

Figura 88: Charge sobre Leal de Souza referente à sua estreia no Teatro Municipal do Rio de Janeiro, em 21 de agosto de 1910, com a sua peça *O Charuto* em beneficio da atriz Adelaide Coutinho. Fonte: Revista *Careta*, 20 de agosto de 1910, n. 116.

Figura 89: Zélio de Moraes recebendo uma homenagem na Tenda Espírita Nossa Senhora da Piedade (1970). Fonte: ***http://www.tensp.org.***

Figura 90: Corrente feminina da Tenda Nossa Senhora da Piedade (década de 1980). Fonte: http://www.tensp.org.

Figura 91: Attila Nunes e sua esposa Bambina Bucci. Acervo de Pai Juruá.

Figura 92: Capa de um LP (vinil), com a maquete do futuro Hospital Nacional da Umbanda, disco este, cuja toda a renda foi endereçada à construção do hospital. Participou deste LP o autor do Hino da Umbanda, J. M. Alves. O *Diário Carioca*, de 19 de janeiro de 1964, assim se manifestou a respeito: "*UMBANDA TERÁ HOSPITAL MAIOR DA AMÉRICA LATINA* – Para atender a mais de 15 milhões de umbandistas de todo Brasil, será construído brevemente o Hospital Nacional da Umbanda, o maior da América Latina. A encarregada da construção é a ENDRA S/A, instituição com finalidades filantrópicas que em tempo o mais breve, erguerá o nosocômio em Jacarepaguá. O culto de Umbanda, de formação afro-brasileira, estende-se, no Brasil, sobretudo às classes mais pobres, razão pela qual se faz necessário esse projeto".
O projeto do hospital não vingou por falta de recursos financeiros.

Figura 93: Em foto tirada em 1915, temos da esquerda para direita em pé: Maestro Chiafitelli, Olavo Bilac, Goulart de Andrade, Nascimento Filho, Oscar Lopes, Emilio de Menezes, LEAL DE SOUZA, Martins Fontes e augusto de Lima. Sentados: Madame Chiafittelli, Alberto de Oliveira, Rosalina Coelho e Gregório Fonseca. Fonte: Revista *O Malho*, 27 de outubro de 1938, n. 82.

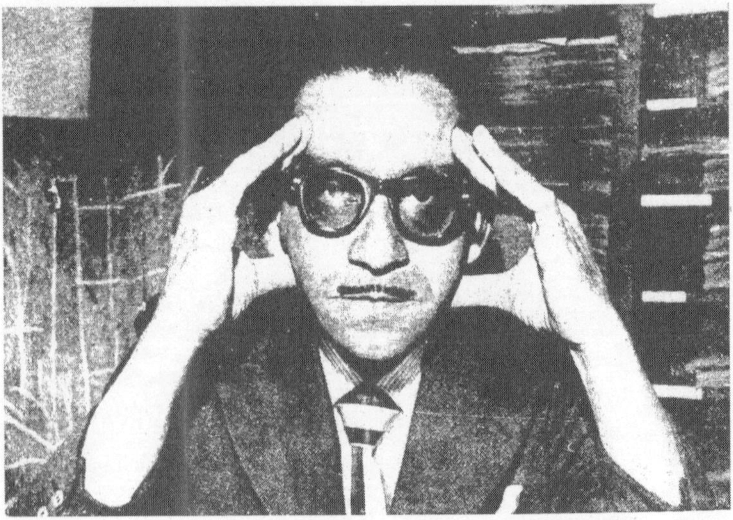

Figura 94: Attila Nunes. Fonte: ***Revista do Rádio***, 5 de outubro de 1957, n. 421.

Figura 95: Medalha comemorativa pelos setenta e cinco anos da Umbanda. Acervo de Edison Cardoso de Oliveira.

Figura 96: Tradicional feijoada de sete de setembro. Trabalho anual de Seu Sete da Lira. Acervo de Adão Lamenza.

Figura 97: Dona Cacilda de Assis no seu programa na Rádio Metropolitana no bairro de Inhaúma do Rio de Janeiro. Acervo de Adão Lamenza.

Sobre o autor

• Professor do curso de pós-graduação em História e Cultura Afro-Brasileira do Centro Universitário Salesiano (UNISAL).

• Professor (aposentado) do Instituto Federal de Educação Tecnológica de São Paulo (IFSP) onde lecionou as disciplinas: Química, Fundamentos da Educação, Psicologia da Educação, História da Ciência e Epistemologia do Ensino.

• Lecionou como professor emérito na Universidade Cidade de São Paulo e professor adjunto nas Faculdades Oswaldo Cruz, Universidade de Santo Amaro e Universidade de Guarulhos.

• Pesquisador CNPq.

• Pesquisador do Grupo de Estudos e Pesquisa em Interdisciplinaridade (GEPI) da PUC-SP.

• Mestre em Educação pela Universidade Cidade de São Paulo.

• Master Science in Education Science by City University Los Angeles.

• Doutor em Educação pela PUC-SP.

• Pós-Doutor em Educação pelo GEPI-PUCSP.

•Autor de livros sobre Educação e Ciências: *A História da História da Ciência*, *Temas Especiais de Educação e Ciências*, *O Ponto de Mutação no Ensino das Ciências*, *Os Caminhos da Educação e da Ciência no Brasil*, *Leituras Especiais sobre Ciências e Educação*, *O olhar de Hórus: uma perspectiva interdisciplinar do ensino da História da Ciência*, *Química Básica Teórica*, *Química Básica Experimental*, *Médicos e Heróis: os caminhos da Medicina brasileira desde a chegada da Família Real até as primeiras décadas da República* e *Personagens da Ciência Brasileira*.

• Autor de livros sobre Umbanda: *Umbanda e sua história*, *Umbanda Brasileira: um século de história*, *Umbanda: um ensaio de ecletismo*, *Iniciação à Umbanda*, *Os Orixás na Umbanda e no Candomblé*, *Manual do Médium de Umbanda*, *A*

construção histórica da literatura umbandista, Antônio Eliezer Leal de Souza: o primeiro escritor da Umbanda, Memórias da Umbanda do Brasil, Você sabe o que é Macumba? Você sabe o que é Exu?, História da Umbanda no Brasil, História da Umbanda no Brasil – Volume 2: A Umbanda nos Jornais do Rio de Janeiro, História da Umbanda no Brasil – Volume 3: Memórias de uma religião.

- ***Past Master*** da Loja Maçônica Cavaleiros de São Jorge (Grande Oriente do Brasil).
- Membro da Escola Superior de Guerra.
- Médium do Templo de Umbanda Ogum Beira-Mar, dirigido por Edison Cardoso de Oliveira, entre 1981 e 1989.
- Vice Presidente da Federação Umbandista do Grande ABC entre 1985 e 1989 e Membro do Conselho Consultivo do Superior Órgão de Umbanda do Estado de São Paulo no mesmo período.
- Relator do Fórum de Debates: ***A Umbanda e a Constituinte***, realizado na Assembleia Legislativa de São Paulo, em 1988.
- Colunista do Jornal ***Notícias Populares***, em 1989, escrevendo aos domingos sobre a história e os ritos da Umbanda.
- Pesquisou a Umbanda e os cultos afro-brasileiros em diversos terreiros, visitando várias vezes a Tenda Nossa Senhora da Piedade e a Cabana de Pai Antônio onde conviveu com Zélia de Moraes e Zilméia de Moraes.
- Dirigiu o Templo da Confraria da Estrela Dourada do Caboclo Sete Lanças entre 1993 e 1999.
- Colunista do ***Jornal de Umbanda Sagrada*** entre 2008/2009.
- Colunista do Jornal ***Aldeia de Caboclos*** desde 2013.
- Atualmente é sacerdote do Templo de Umbanda da Estrela Lilás (T.U.E.L.) - Cabana de Pai Benguela.
- Sacerdote de Orunmilá-Ifá iniciado pelo Babáláwò Ifatoki Adekunle Aderonmu Ògúnjimi (Babalawo ***Ifasoya Ifadaisi Agbole Obemo***).
- Iniciado na Raiz de Guiné (***Hanamatan Ramayane***).
- Iniciado e consagrado na Kimbanda das Almas (***Tata Kimbanda Matambi***).

HISTÓRIA DA UMBANDA NO BRASIL - VOL. 4
foi confeccionado em impressão digital, em março de 2022
Conhecimento Editorial Ltda
(19) 3451-5440 — conhecimento@edconhecimento.com.br
Impresso em Super Snowbright 70g - Hellfoss